圆明园
Yuan Ming Yuan Garden
官方出品

大美圆明园

DAMEI
YUANMINGYUAN

东方博观　主编

中国出版集团
东方出版中心

图书在版编目（CIP）数据

大美圆明园 / 东方博观主编． -- 上海 ：东方出版
中心，2025．2． -- ISBN 978-7-5473-2654-1

Ⅰ．K928.73-64

中国国家版本馆 CIP 数据核字第 2024M4R167 号

大美圆明园

主　　编　东方博观

出　　品　东方出版中心北京分社　圆明园管理处

策　　划　范　斐　曾孜荣

责任编辑　范　斐

特邀编辑　温宝旭　汤梦焯　孔维珉

营销发行　柴清泉　周　然

装帧设计　张丽颖　于海颖

手绘插图　李尤松　张丽颖　于海颖

摄　　影　圆明园管理处　动脉影等

出 版 人　陈义望

出版发行　东方出版中心

地　　址　上海市仙霞路 345 号

邮政编码　200336

电　　话　021-62417400

印 刷 者　北京雅昌艺术印刷有限公司

开　　本　787mm×1092mm　1/8

印　　张　63

字　　数　350 千字

版　　次　2025 年 2 月第 1 版

印　　次　2025 年 2 月第 1 次印刷

定　　价　998.00 元

编委会

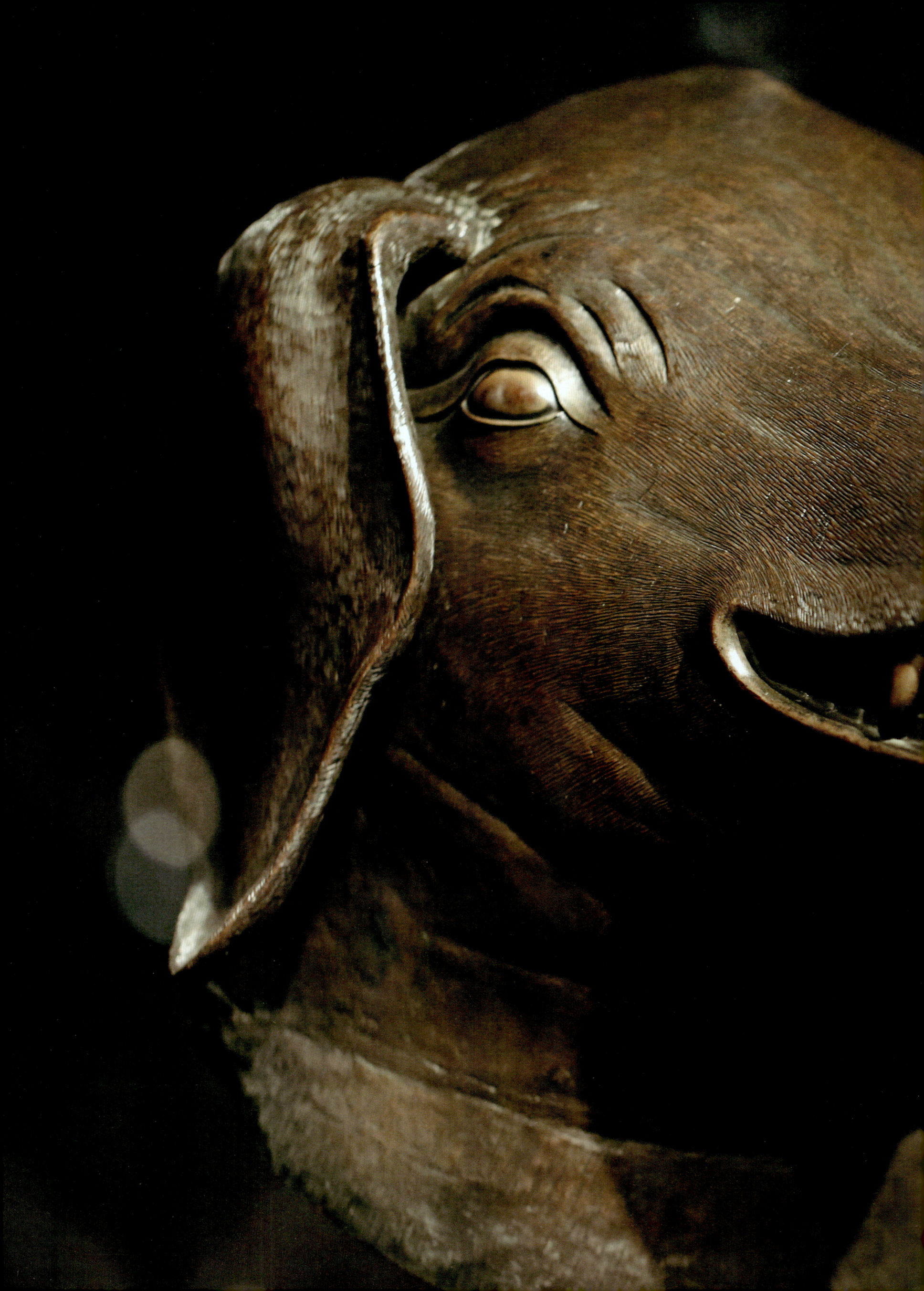

序言

　　山河万里，宫阙千重。当沿着时光的长河，上溯到历史的深处，去开启万园之园的华丽之门，我们会发现，圆明园犹如一颗璀璨的明珠，镶嵌在中华古老的大地上，闪耀着举世瞩目的光芒。它不仅是清朝皇家园林的典范，更是中国古代园林艺术的巅峰之作，汇聚了中华五千年文明的精髓与智慧。从金碧辉煌的画栋雕梁到玲珑别致的楼阁亭榭，从蜿蜒曲折的山形水系到碧波荡漾的溪流湖光，从流光溢彩的海晏水法到奇趣变幻的方外西洋，每一寸土地、每一块砖石都诉说着那个时代对美的极致追求与对宏大叙事的独特表达。

　　圆明园，曾以其宏大的地域规模、杰出的造园艺术、精美的建筑陈设、丰富的文化收藏和突出的政治地位闻名于世，被称为"一切造园艺术的典范"和"万园之园"。然而，几经浩劫之后，这个东方奇迹不复存在，给后人留下了无尽的遗憾，也给世人留下了无尽的想象空间。中华人民共和国成立后，党和政府以及社会各界高度重视、热心关注圆明园遗址的抢救、保护、整修和利用，一代名园在断壁残垣中涅槃重生，昔日盛景渐次重现，流散文物陆续回归，成为展示中华文明的重要场所和全国爱国主义教育基地。历史的沧桑与变迁，让这座园林经历了从辉煌到毁灭、重生的悲壮历程，也见证了中华民族从历经悲惨屈辱到苦难磨砺、发奋图强的奋斗历程。

　　圆明园是一座浩瀚的宝库，每一个视角的切换，都会给我们带来别样的体验和感悟。这本《大美圆明园》，将会带着我们寻幽探微，览胜撷芳，叩开重重宫门，掀开厚重的历史帷幕，寻访时光长河中的吉光片羽，串珠成链，与往昔的辉煌和苦难进行一场深沉的对话。

　　本书以绘工精美、意趣超凡的《圆明园四十景图》和《圆明园西洋楼铜版画》为基础，展示圆明园建筑之典雅，园林之婉秀，泉石之灵动；同时，辅以《圆明园山水楼阁图》《雍正十二月行乐图》等图册及国宝文物，重现圆明园的四季之美、起居之美、服饰之美及器物之美。而在这座美轮美奂的园林之中，那些皇家生活的细节，无论节日盛典抑或听政余暇的日常，觥筹交错，优游宴赏，中吕清和，雅乐霓裳，骑射演武，曲水流觞……在字里行间，在图画之中，展现得淋漓尽致，让圆明园不再仅仅是一个抽象的历史符号，而是一个有血有肉、充满生命力的历史存在，使我们能够更加深入地理解它所蕴含的丰富历史文化价值，以及它在中华民族历史长河中独一无二的地位。圆明园是百科全书式的立体文化图卷，也是举世瞩目的文化遗产，人类共有的物质和精神财富。希望这本《大美圆明园》能够让更多的人了解圆明园厚重的历史和文化，让这份宝贵的民族记忆得以永存。

圆明园管理处党组书记、主任

邱文忠

2024 年 12 月 31 日

目录

第四章

圆明园之春

第七章

圆明园之冬

相通遙遙彼岸奇花繽紛

綺繡海高秋月夜流淌澄澄

空圓靈在鏡此百尺地寧

非佛骨湧出寶光耶

軒而窈當年軒志茗何地是

夏奕四序皆宜居也

皇考所喜居也萬方歸霞

圆明园之营造

清军入关

拎包入住紫禁城

1644 年，李自成率领大军攻占北京。此时，明朝将领吴三桂仍在镇守"天下第一关"的山海关。在李自成的招降和清军的压力下，吴三桂最终选择了投降清军，引清军入关。山海关开放后，清军长驱直入，气势如虹地入主中原，迁都北京，几乎全盘继承了明朝留下的皇宫——紫禁城。这一年，正是顺治元年，开启了清朝统治的新纪元。

昌平

瓮山泊

紫禁城

卢沟桥

先农坛

天坛

永定河

然而，由于入关之前，清朝的统治阶层满族人长期生活在我国东北地区，广袤的土地多为山林与草原，漫长的冬季寒冷刺骨。在那样的环境影响下，他们只能以渔猎游牧为主业。当他们从东北骤然进入华北，踏进繁华的北京，发现北京城被明朝建设得如此宏伟，尤其是紫禁城，这座规制严谨、气势恢宏的建筑何止是一座皇宫，更是一部无法用言语描述的文化史诗、城阙巨著。

潮白河

温榆河

大运河

通惠河

潞洲

京杭运河图

万国来朝图

　　在此之前，中国历史上的新王朝一般都会推倒旧王朝的皇宫，进行新旧更替的大规模重建。然而，彼时的清朝还没有这个能力和条件，于是就选择了保留明朝的紫禁城。他们尤其相中了紫禁城中那些高大又精美的宫殿，就像现代人选择装修好了的"二手房"一样，直接拎包入住。搬进紫禁城，不仅可以迅速确立清朝在中原大地的统治地位，向天下宣告政权的更迭，还能够快速稳定人心，赢得汉族士大夫和百姓的认同。因此，清朝统治者毫不犹豫地继承了这一文化遗产。

屋内陈设

　　门口放着一个带罩的火盆。屋内有一个高几和一个矮几。矮几上有一套炉瓶三事：右边是香盒，中间是香炉，左边是香瓶。香盒装香丸、香片，香炉燃香，香瓶盛香铲和香箸。高几上摆着一个花瓶，瓶里插着的却不是花，而是颗粒饱满的谷穗，寓意国家五谷丰登。

花明油图灯彩扇屋

泰满逢多歌欢

乾隆皇帝身穿瑞服，
不戴朝珠，坐在交椅上。

万国来朝既是乾隆皇帝的愿景，也是康熙皇帝、雍正皇帝的理想。他们谕令工匠们制作了很多带有"万国来朝"字样的器物，有毛笔、砚台、漆器、盆景等。乾隆皇帝还特别谕令宫廷画家们绘制了多幅"万图"，来表达其宏愿。

"万图"在创作上采用了虚实结合的手法，图中乾隆皇帝的御容像是真实的，使臣的形象也来自写实的《职贡图》卷，但齐聚门外恭候觐见的场景属于虚构。

笙

琴

编磬

龟和鹤象征吉祥长寿，寓意万寿无疆、江山永固。

嘉量，天下的度量衡以此为准。

衣冠載貢圖

九霄雲日朝元會

享王盈殿陛恩治龍光

英常呈瑞

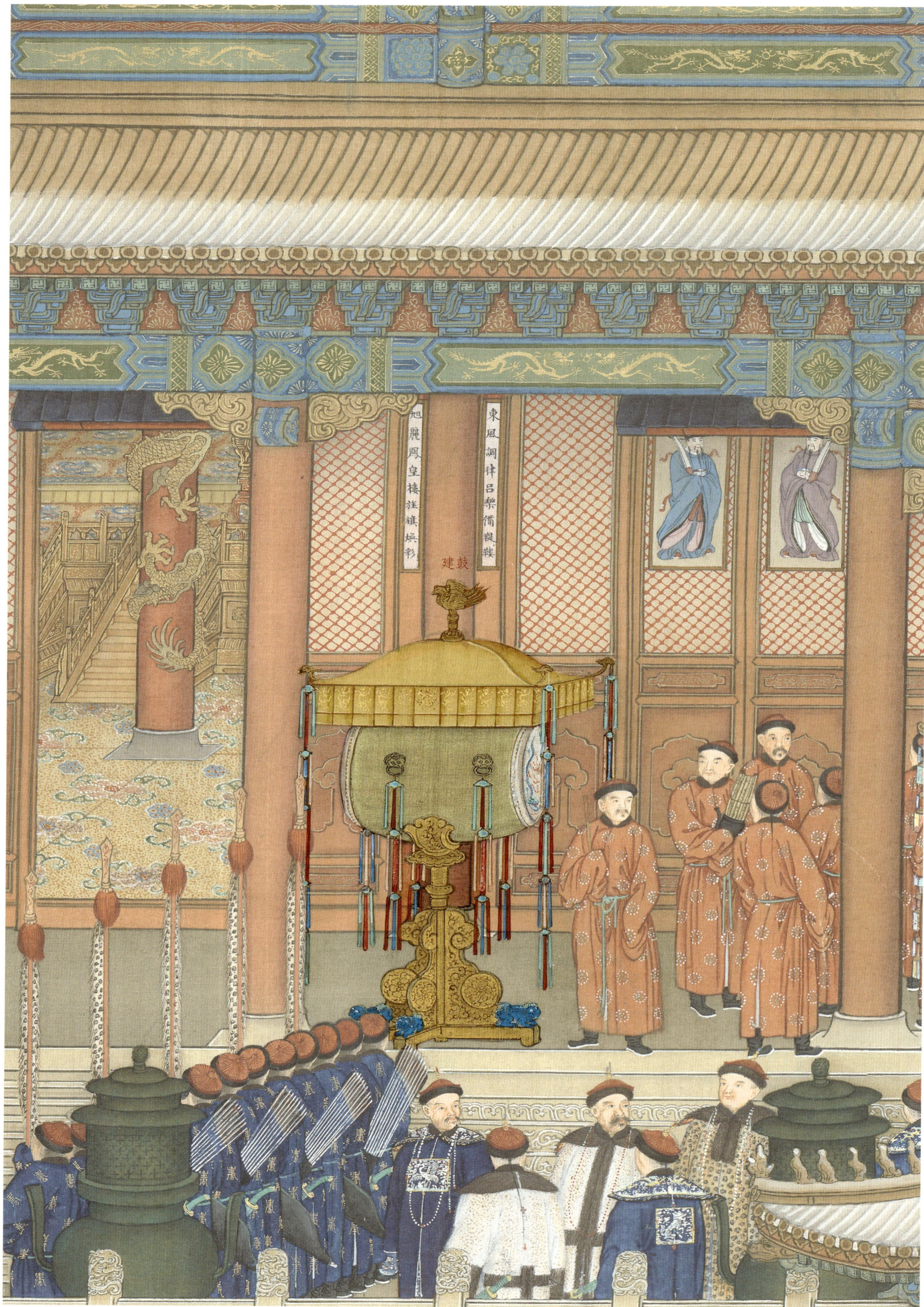

東風調律呂樂備奚奚

旭麗鳳皇樓莊旗煥彩

建鼓

顶戴

花翎

披领

补子

朝珠

马蹄袖

补服

朝袍

朝靴

北流村　南流村　西家庄　巴溝　新庄　滿井　溫泉　曲湯山

上店　下店　羊房　永太庄　煤市屯　沙河口　馬房

晶溝嶺　白虎邊　沙澗　瓦家　張樓　下魚河　旁比灘　石各庄　東沙屯

羊山　台土　晶家庄　前沙澗　二坡　七里店　三合庄　沙河嘴

妙峯山　西步土　蘇家村　黄花店　回龍觀　馬連店　黄土　三撲

三盆澗口　草城　劉領　大牛房　御家嶺　七里屯　二旗　東小口　太平庄

北塩河　石窩兒　東大台　庄子　二旗　安寧庄　立水橋

徐家庄　家庄　南澗河　西北旺　馬連灣　虎城　曲房　清河　劉家庄

上萆店　崔口　桃園　門富　東山　白家灘　合庄　望兒山　安福橋　黄群營

陳各庄　胡家宇　楊家村　寺村　卧佛寺　碧雲寺　有龍橋　圓明園

下葦店　灯葦　村庄　四王府　二里庄　西小口

火雪堡　石村　龍時　香山　門頭村　昆明門　黄旗營　西小蘭　門定安　東直門

琉璃局　三家店　八大慶　辛庄黄村　北務　舊宮廠　馬房　十八房

鳳鞍　五里屯　麻峪　南務　高家庄　長春河　五里溝

花兒池　馬鞍山　門頭溝　曹家庄　唐石　狼山　新村　四村　三里河　望河積

馬鞍山　北辛安　石景山　八角村　下庄　棗林　雲門　平則門　彰儀門　觀音堂　二閘

太平店　八寳山　小瓦窰　核桃園　馬村　東嶺　廣安門　廣渠門

新窑　二南垞　菊雕屯　石廠　牙門口　張家村　大井　小井　西嶺　萊戶營

成台寺　南營　拱極城　五里店　豐台　奇橋　鐵匠營

河北　白草洼　太福庄　新庄　張各庄　官頭　道家村　石榴庄　五台樹

河南　長壽寺　太平嶺　崔村　楊各庄　長辛店　馬家路　李家庄

核桃溝　水浴村　灰顧　長楊　西紅門　盧家庄　小紅門營房　小村

石蹄　潘帝廟　大柳橋

南罐　東流水　高家店　行宫　大花子　三泡子　南　海　子　南長

上房山　良鄉縣　長楊　黄村　昭昭泉　分河　鹿園　大灰廠

房山縣　長平　南紅門　轟村　老亦村　馬家店　新屯

直樓　石樓　十三里　張場　清店　龍河

芦村　賣店　龍各庄

琉璃河　立教　義堂

水土不服
精心营造圆明园

可是来自东北"白山黑水"的清朝统治者，很难适应北京炎热的夏天。同时，由于骑马射猎的民族传统，他们并不习惯久居于封闭的深宅大院——紫禁城。因此，政权稳定之后，他们就开始在紫禁城外寻找风水宝地，营建新的皇家别苑。

去哪里建呢？

北京的西北郊区自古泉水丰富、湖沼棋布，遍地是北方人所谓的"海子""淀子"（北京市"海淀"区的名称因此演化而来）。这里便成了皇家贵族建园子的理想场所。康熙二十六年（1687年），清朝在北京的第一座离宫别院——畅春园在西郊落成。康熙四十六年（1707年），康熙皇帝将畅春园北部的一座园子赐给了他的皇四子胤禛——后来的雍正皇帝，这座园子便是日后名满天下的圆明园。

清朝北京城郊图

三山五园图

　　香山、玉泉山和万寿山，连同圆明园、畅春园、静宜园、静明园以及清漪园（即现今的颐和园），一同构成了老北京享有盛名的"三山五园"。清朝宫廷画家依据当时园林遍布的壮丽景象，精心绘制了这幅《三山五园图》。这里不仅是北京西山层峦叠翠的风景名胜区，更是清朝贵族休憩娱乐的重要场所，见证了清朝鼎盛时期的辉煌与繁荣。

健锐营正黄旗

健锐营正蓝旗

健锐营正白旗

成字峪

公字营

万寿山

文殊寺

佛香阁

智慧海

蟠龙山

佛寺

精捷营正蓝旗

万古长春

侍卫

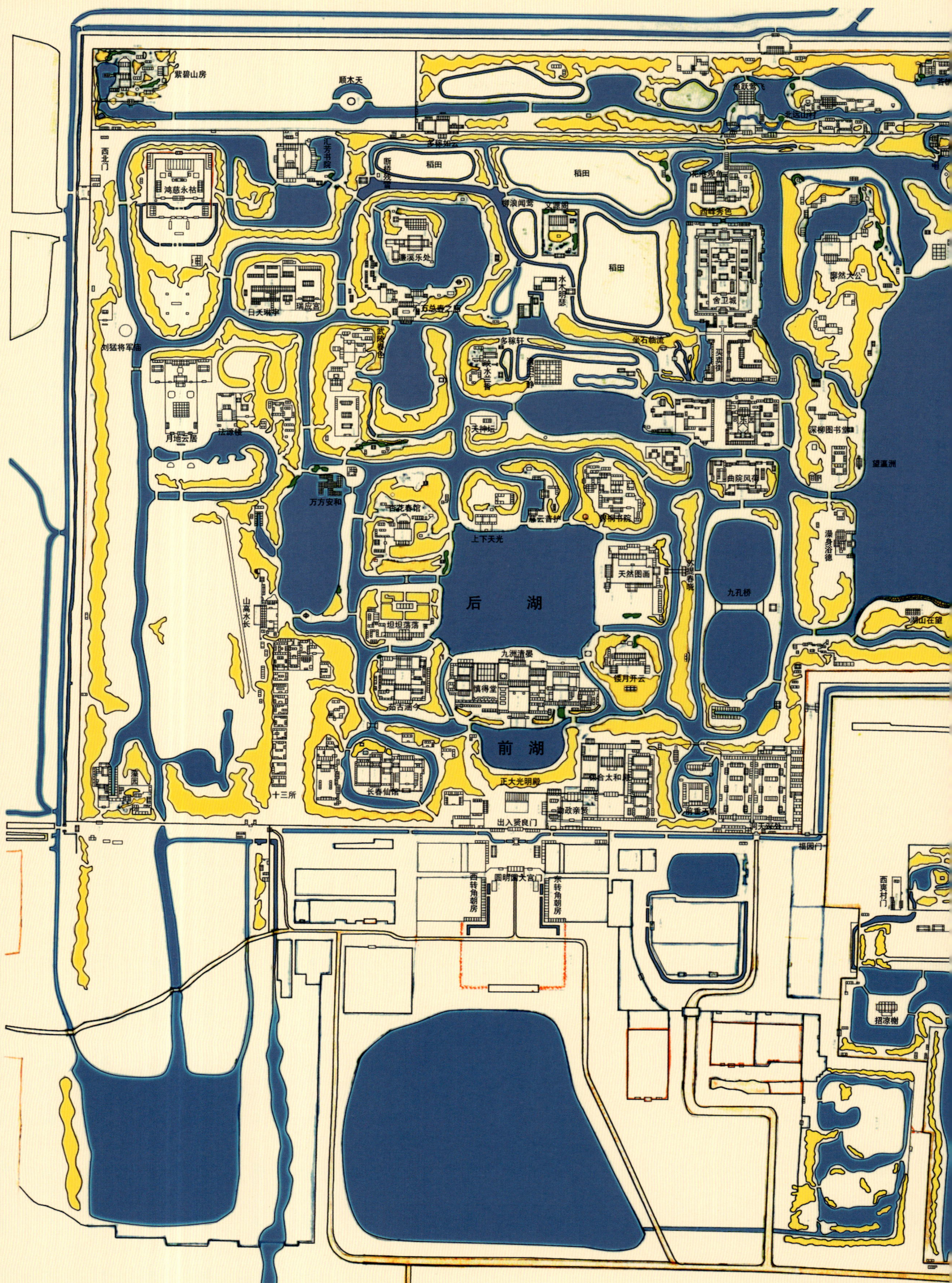

圆明园地图

紫碧山房
顺木天
西北门
正芳闲院
鸿慈永祜
断桥残公
稻田
稻田
碧浪闲洲
文源阁
两峰秀色
刘猛将军庙
日天瑞华
瑞遇斋
澹溪乐处
水木明瑟
会卫城
廓然大公
嵌石矶成
买卖街
武陵春色
多稼轩
月地云居
法源楼
峡云音护
天神坛
曲院风荷
深柳图书
望瀛洲
万方安和
西花春馆
书陶书院
上下天光
瀑身浴德
后 湖
天然图画
玉溪山在望
山高水长
坦坦荡荡
抱春坞
九孔桥
九洲清泉
慎得堂
倩月开云
前 湖
油花渊秀
十三所
长春仙馆
正大光明殿
奉太和
勤政亲贤
松重亲贤
出入贤良门
圆明园大宫门
西转角朝房
东转角朝房
福园门
西贯村门
招凉榭

关帝庙
天宇空明
黄花阵
养雀笼
青水楼
方外观
五竹亭
海晏堂
远瀛观
大水法
线法山门
线法山
线法墙
线法山
方河

蓬岛瑶台
福海
涵虚朗鉴
别有洞天
三潭印月
方壶胜境
澹怀堂
君子轩
戟密楼
诸奇趣
曲院风荷
旭辉
萝溪烟月
海岳开襟
坦坦荡荡
淳化轩
含经堂
玉玲珑馆
静缘厅
狮子林
转湘帆
宝相寺
法慧春
浮兰堂
得胜源

兰林
思永斋
佛全园
曹园
云容水态
映清斋
如园
菻园
大东门
夹镜鸣琴
南屏晚钟
涵远楼
彩云
接秀山房
观澜堂
广育宫
曹园门
沧怀堂
长春园宫门
三孔桥

松风萝月
洛然亭
喜雨山房
金山
春泽斋
展诗应律
涵秋馆
凤麟洲
采芳洲
知乐轩
延寿寺
生冬室
四宜书屋
庄户法界
天心水面
敷春堂
集禧堂
新蓬岛
云漪馆
湛清轩
涵心
正觉寺
鉴碧亭
迎晖殿
绮春园宫门

方寸之间

样式雷"3D 打印"

　　"样式雷"是对清朝主持皇家建筑设计的雷氏家族的统称。作为中国古代建筑史上的杰出代表，其创作涵盖了都城、宫殿、园林、庙宇、陵寝等皇家建筑。"样式雷"家族主持清宫样式房事务，自清康熙时期起，共有雷氏家族八代人效力清宫内廷样式房。工匠通过建筑设计图、施工设计说明、烫样等展现建筑的细节和样式，由皇帝亲自审阅后提出意见或批准，再进行修改和施工。

　　从第一代"样式雷"雷发达开始，"样式雷"家族几乎主持或参与设计了所有清朝皇家建筑，如圆明园、颐和园、天坛、清东陵等，其为方便皇帝御览而作的烫样，即按照 1:100 或 1:200 的比例制作的建筑立体模型，刻画入微，纤毫毕现，从偌大的宫殿到房中的屏风等都展现得淋漓尽致，可见技艺之高超，态度之严谨。

　　目前，在中国国家图书馆、故宫博物院等机构收藏有大量样式雷图档及烫样，直观反映出建筑的样式、规格等，是研究中国古代建筑的珍贵资料，更是中国园林、古建筑博大精深的生动写照。2007 年 6 月，联合国教科文组织公布，"样式雷图档"入选《世界记忆名录》。

圆明园万方安和建筑烫样

繪得松軒芳殿意屋後峭絡壁
玉筍崢嶼前庭虛敞四望墻外株
陰湛花時霏紅疊紫層映無際
同靈囿遺規總暢春當年成宗不日
居辰羲府庭羅壁恩波水鴻銀
宗偷山靜體依仁只可方衢堂偷

圆明园与五位皇帝

第二章

一座圆明园，半部清朝史

圆明园原是清朝康熙皇帝给皇四子胤禛的赐园。建园之初，"林皋清淑，波淀淳泓，因高就深，傍山依水"，于是"相度地宜，构结亭榭，取天然之趣，省工役之烦"，营造出一处"槛花堤树，不灌溉而滋荣；巢鸟池鱼，乐飞潜而自集"

的妙所。园子建成后，康熙皇帝曾莅临13次，并赐园名"圆明"。"圆明"二字出自儒家经典《中庸》，"圆"意为德行圆满，合乎时宜；"明"则是说明辨是非，聪明睿智。体现了康熙皇帝对皇四子寄予的厚望。

夏凉冠

香色常服

五爪团龙纹
——象征其当时亲王的身份

三足铜鼎

皇子时期的雍正皇帝

这枚印玺是雍正皇帝尚为皇子时所制，与"雍亲王宝"并用，钤于他的御笔书法及匾额之上。

自幼年起，雍正皇帝便对佛学典籍抱有浓厚的兴趣，及至成年，他对佛学的研究愈发精深，并与众多高僧保持着密切的交流。他自号"破尘居士"，以此表明虽未遁入空门，却在家修行佛法，以求心灵的净化与升华。他在皇子时期命画工绘制的《耕织图》上便钤有此印，图中农夫、农妇以他和福晋为原型，亲事农桑，以此展示出一种与世无争的姿态。

雍正皇帝即位之后，这枚印玺便不再使用。

胤禛朗吟阁图像

寿山石狮纽"圆明主人"印

清康熙（雍正皇帝为皇子时期）

面 3.8 厘米见方，通高 7.7 厘米，纽高 3 厘米。

这枚印玺是雍正皇帝为皇子时制作的，大约刻于康熙四十八年（1709 年）之后。因为在这一年，康熙皇帝为赐给皇四子胤禛的畅春园北侧题写了"圆明"的匾额。从那时起，胤禛便以"圆明主人"自称，他在《世宗宪皇帝御制圆明园记》中写道："至若嘉名之赐以圆明，意旨深远，殊未易窥。尝稽古籍之言，体认圆明之德。夫圆而入神，君子之时中也。明而普照，达人之睿智也。若举斯义以铭户牖，以勖身心，虔体天意，永怀圣诲。含煦品汇，长养元和，不求自安，而期万方之宁谧；不图自逸，而冀百族之恬熙……"如此，"圆明主人"的含义可见一斑。这枚印玺曾经钤于《御选语录》中的《御制总序》及《御制序》之后。

寿山石狮纽"圆明主人"印钤

寿山石

寿山石产于福建省福州市寿山，故名。质地致密，呈微透至半透明，蜡状光泽，有灰白、黄、黄褐等色，其中以田黄最为贵。常用作石雕和印章材料。

雍正皇帝登基后，便着手大力营造圆明园。他亲自筹划，确立了象征"九州四海"的宏大格局。圆明园"大宫门""正大光明"与"勤政亲贤"等办公区域的工程告竣后，雍正皇帝便常居于此，同时处理国务，紫禁城反而成了他偶尔返回的居所。从此，圆明园成了一处名副其实的皇家御园。

自康熙四十六年（1707 年）起，至咸丰十年（1860 年）止，圆明园历经雍正、乾隆、嘉庆、道光、咸丰五位皇帝不断修建改造，终于成就了名闻遐迩的"万园之园"，不仅承载了五位清朝皇帝的执政历程与生活情感，更见证了这 150 多年间中国政治历史的沧桑巨变，真可以说是"一座圆明园，半部清朝史"。

在圆明园出生或逝世的皇帝与皇后

雍正皇帝
雍正十三年（1735 年）
逝于九州清晏

乾隆皇帝

孝圣宪皇后
乾隆四十二年（1777 年）
逝于长春仙馆

孝仪皇后

五位皇帝在各居所年均居住时间

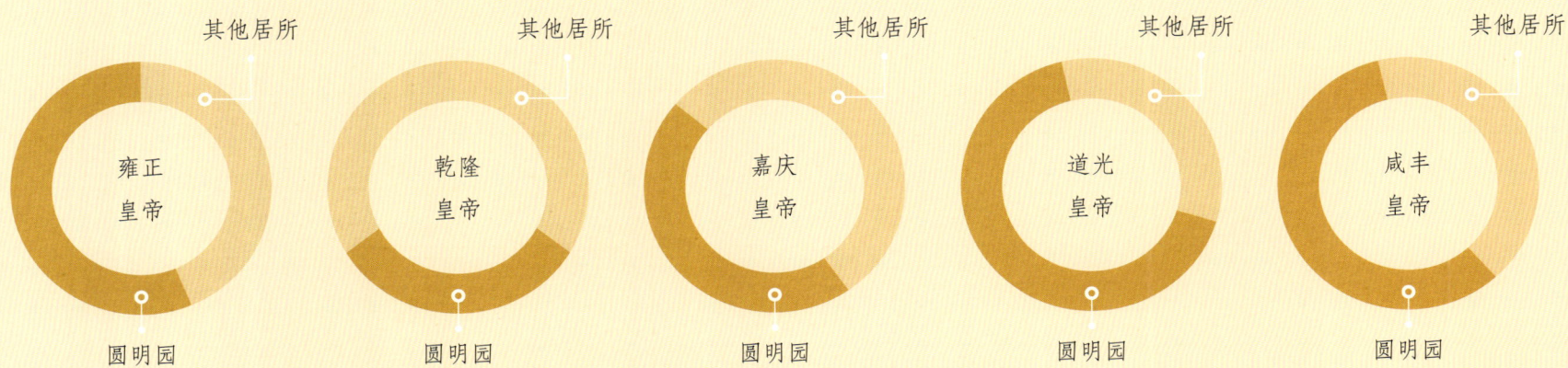

其他居所　　　　　其他居所　　　　　其他居所　　　　　其他居所　　　　　其他居所

雍正皇帝　　　　　乾隆皇帝　　　　　嘉庆皇帝　　　　　道光皇帝　　　　　咸丰皇帝

圆明园　　　　　　圆明园　　　　　　圆明园　　　　　　圆明园　　　　　　圆明园

孝淑皇后

道光皇帝
道光三十年（1850 年）
逝于九州清晏

嘉庆皇帝
乾隆二十五年（1760 年）
生于九州清晏

咸丰皇帝
道光十一年（1831 年）
生于九州清晏

孝全皇后
道光二十年（1840 年）
逝于九州清晏

此玺所指"圆明园"专指圆明园初期，即康熙皇帝赐园及雍正皇帝
在位期间，不包括后期并入的长春园和绮春园。

寿山石双螭纽"圆明园"玺钤本

清雍正

双螭图案

双螭是一种古代玉器装饰图案，常见于各类精美的玉器之中，如玉璧、玉杯等。这种图案通常由两只螭龙组成，螭龙是中国古代神话中的一种神兽，没有角，腹部生有四足，其形象酷似威猛的老虎，亦被称为螭虎。螭龙的造型多呈现盘曲蜿蜒、攀缘匍匐之态，因此人们常称之为蟠螭。双螭寓意祥瑞，有吉祥、瑞气之意。

在玉器的装饰中，双螭往往被雕刻得栩栩如生，每一笔一划都充满生命力，兼具极高的艺术价值和观赏价值。它们不仅是技艺精湛的体现，更是古人智慧与审美的结晶，承载着人们对美好生活的向往与追求。

雍正皇帝与圆明园

作为圆明园的第一位主人，雍正皇帝先以皇子身份在此居住，后因康熙皇帝去世守孝三年，于雍正三年（1725年）八月，才首次以皇帝身份驻跸圆明园，自此圆明园正式成为清朝皇帝长期居住并处理政务的帝王御园。

为了满足理政、居住、游赏等多重需求，雍正皇帝对圆明园进行了大规模扩建，增设了必要的政务设施，开辟了亲

胤禛行乐图·水畔闲坐

事耕种以示天下的农田，修建了燃香礼拜的宗教建筑，营造了富含文化寓意的景观。他在《世宗宪皇帝御制圆明园记》中写道："至若凭栏观稼，临陌占云，望好雨之知时，冀良苗之应候。则农夫勤瘁，穑事艰难，其景象又恍然在苑囿间也。若乃林光晴霁，池影澄清，净练不波，遥峰入镜，朝晖夕月，映碧涵虚，道妙自生，天怀顿朗。乘机务之少暇，研经史以陶情，拈韵挥毫，用资典学。几兹起居之有节，悉由圣范之昭垂。"字里行间，足见当时圆明园之妙处。及至雍正十三年（1735 年），圆明园中已建成景区 38 处，总面积约 200 万平方米，约三个紫禁城般大小。

胤禛行乐图·松涧鼓琴

荷叶洗

器型仿自荷叶，整体如荷叶一般四周卷曲起伏，中央明显凹陷，釉下隐约可见叶脉。装盛水液时，水液分散积于凹陷处，零零星星，宛若雨珠点点滚落荷叶，正应了那句"却是池荷跳雨，散了真珠还聚。聚作水银窝，泻清波"。

为了开创在圆明园处理政务之先河，雍正皇帝发布谕旨称"朕在圆明园与宫中无异，凡应办之事，俱照常办理，若因朕在圆明园，尔等将应奏之事少有迟误，断乎不可"。据记载，雍正皇帝即位后，"圆明园为常时听政之所……每岁初春即驻跸于此，咨度机务引见百官，皆日以为常"，夙夜孜孜，"昼接臣僚，宵披章奏，校文于墀，观射于圃"，以勤先天下，"朝乾夕惕，事无巨细，亲为裁断"。从此，圆明园不仅是皇家园林，更成了一个集政务与休闲于一体的皇家圣地，被后代皇帝沿袭。

雍正皇帝13年的帝王生活，主要在圆明园中度过，只有郊祀斋戒和视朝等大典才回紫禁城。从雍正三年（1725年）首次以皇帝身份驻跸至雍正十三年（1735年）病逝于圆明园，雍正皇帝在圆明园累计居住了2314天，平均每年居住约210天。其中雍正十一年（1733年），他在圆明园中居住了246天。

貂皮领袖的
明黄出白锋毛皮龙袍

黑色貂皮珠顶冠

琼式瓶笔筒

黑漆描金书案

雍正帝读书像

淡黄釉瓶

清雍正

撇口，细颈，溜肩，圈足。

高 14.6 厘米，口径 3.3 厘米，足径 1.7 厘米。

　　明清时期宫廷御用瓷以庄重的黄釉瓷为主。中国古代的黄釉多以铁或锑等为着色剂，经还原或氧化烧成，分为高温黄釉与低温黄釉两种。前者以唐朝寿州窑黄釉为代表，如陆羽《茶经》所言"寿州瓷黄，茶色紫"；后者以明朝弘治、正德时期景德镇御窑烧造的"浇黄（娇黄）"釉誉满天下。及至清康熙、雍正时期，出现了蜜蜡色、鸡油黄色、姜黄色等，釉色进一步丰富，且随着欧洲画珐琅料的传入，雍正时期创烧出锑黄釉，也称"淡黄釉""柠檬黄釉""洋黄釉"等。

　　雍正皇帝的审美追求与品味超凡绝俗，倾向于含蓄唯美，对瓷器的造型、图案要求极高，注重工艺质量，精益求精。据说，单色釉正是雍正皇帝最为偏爱的瓷器品类，相较于康熙时期更为精致柔美，暗纹绘制也更加细腻雅秀。

器型之美

演变自康熙时期的柳叶瓶，线条玲珑流畅，娇美如亭亭玉立之少女，比例协调，淡雅怡人。

淡黄釉色泽鲜艳，似鸡蛋黄，又称为"蛋黄釉"，其釉料自西方输入，唐英在《陶成纪事》中称其为"西洋黄"，釉色纯净，俊秀典雅，匀实柔和。

瓶底阴刻"大清雍正年制"

乾隆皇帝与圆明园

乾隆皇帝皇子时期便居于圆明园中，雍正四年（1726年），十五岁的他被赐居于桃花坞中的桃源深处，该地幽静怡人，宜读书吟诗。及至雍正七年（1729年），他又被赐居于莲花馆，后又被赐雅号"长春居士"。

乾隆三年（1738年）正月十一日，乾隆皇帝第一次以皇帝的身份驻跸圆明园，此后，他每年必临圆明园，最多时于乾隆五年（1740年）在圆明园驻跸251天，最少时于乾隆四十五年（1780年）在圆明园驻跸10天，累计在圆明园居住约7310天，年均居住约126天。

乾隆皇帝认为圆明园在雍正皇帝的修葺之下，已"略具朝署之规，以乘时行令，布政亲贤"，于是延续了雍正皇帝的习惯，仍将圆明园作为听政之所，并在《圆明园后记》中写道："既释服，爰仍皇考之旧园而居焉。夫帝王临朝视政之暇，必有游观旷览之地，然得其宜适以养性而陶情，失其宜适以玩物而丧志。宫室、服御、奇技、玩好之念切，则亲贤、纳谏、勤政、爱民之念疏矣。其害可胜言哉！我皇考未就畅春园而居者，以有此圆明园也，而不斫不雕，一皇祖淳朴之心。然规模之宏敞，丘壑之幽深，风土草木之清佳，高楼邃室之具备，亦可称观止。"

根据所钤"宝亲王宝"印文推测，此图应该绘于雍正十一年（1733年）至十三年（1735年）之间，即弘历被雍正皇帝封为"宝亲王"的22至24岁之间，而根据图中梁诗正墨题落款"雍正甲寅"，可进一步确定此图表现的是弘历23或24岁时的画像。

貌图入生绡属偶然

踏尘寰远人世蓬莱镜里天霞

巾仿佛南华仙谁识当年真面

烟碧筠篮满贮仙岩芝芒鞵不

何来潇洒清都客逍遥为爱云

長春居士自题

何来瀟灑清都客逍遥為愛雲
烟碧筠籃滿貯仙巖芝芒鞵不
踏塵寰迓人世蓬萊鏡裏天霞
巾仿佛南華仙誰識當年真面
貌圖入生綃屬偶然
長春居士自題

弘歷采芝圖

035

乾隆皇帝在位六十年间，对圆明园进行了大规模扩建。改建了圆明园中部分原有建筑，如"蓬岛瑶台"加盖琉璃瓦屋顶；调整了园林景观的名称，融入了哲思和文化符号，如"金鱼池"改名为"坦坦荡荡"、"桃花坞"改名为"武陵春色"；增加了多处景区，特别是乾隆皇帝南巡后，将念念不忘的南方园林复刻到圆明园中，"谁道江南风景佳，移天缩地在君怀"，江南的园林景观北上之后，在清新淡雅的古典写意中，仿佛又增添了别样的宏伟瑰丽。

乾隆十年（1745年），乾隆皇帝在圆明园之东修建了一处附园——长春园，主动引进外国建筑风格，前所未有地

青铜匜

龙纹砚台

弘历古装像

命郎世宁等人在其中修建了一组欧式宫殿，即如今为人熟知的"西洋楼"。如此，异域风情与传统中式园林相碰撞，使圆明园成了名副其实的"万园之园"。乾隆三十五年（1770年），圆明园东南的春合园被收回，赐名"绮春园"，成为圆明园的附园。此后，绮春园东侧的熙春园、春熙院等也归圆明园管理。至此，形成了"圆明五园"这一规模宏大的皇家苑囿。

花瓣形花器（内插兰花、石榴花）

胭脂盒

乾隆帝妃古装像

乾隆皇帝是一是二图

图上御题："是一是二，不即不离。儒可墨可，何虑何思。那罗延窟题并书。"从现有史料看，"那罗延窟"并不是紫禁城中的场所，只有圆明园的静莲斋中悬挂过"那罗延窟"的匾额。

新莽嘉量

玉盂

青铜觚

038

画面正中有一张坐榻，乾隆皇帝着汉人服饰坐于其上，一手持卷，一手捻笔，表情恬淡，做观赏收藏器物之状，旁边一小童侧身挽袖侍奉。坐榻后方是一方山水画屏风，其上悬挂了一幅与榻上乾隆皇帝容貌一致的画像。这种"画中画"的构图仿自宋朝册页，且融入西洋透视绘法，配以哲思御诗，耐人玩味。西洋画中不曾以这种画中画的形式表现皇帝的肖像，在中国历代皇帝中，也仅乾隆皇帝一人。

除了构图与意蕴，图中所绘器物多为乾隆皇帝的珍藏佳品，从青铜器到善本古籍，不一而足，体现了乾隆皇帝的生活意趣和鉴赏品味。

题并书
那罗延窟
憲日思可墨可何
印不雜儒
是一是二不

青花蓝查体梵文出戟法轮盖罐

青花耳扁壶　出廓玉璧

青铜盘

青铜斝

凤纹青花罐

水波纹玉斗

铜炉焚香

独梃圆转桌

铜炉

青花蓝查体梵文出戟法轮盖罐

明宣德
直口，丰肩，硕腹，平底。
高 28.7 厘米，盖口径 22 厘米、底径 24.7 厘米。

《陶歌》有言："白釉青花一火成，花从釉里透分明。"青花瓷是一种釉下彩，白釉蓝花，色彩清新，其青花色泽会随原料的不同而产生变化，明朝宣德年间的青花瓷可谓青花瓷中不可多得的佳品。

此青花瓷器为佛事用具，造型及花纹皆有宗教含义。器物肩部有八个条形片状凸起，从顶部向下看，仿佛一个法轮的形状，佛教中以法轮比喻佛法，象征佛法运转不息。器物上有一圆盖，圆盖上有五个蓝查体梵文，其间以云纹分隔。器物外壁上方以海水纹装饰，与圆盖外壁的海水纹呼应，有种延伸感，下方绘有八吉祥图案、蓝查体梵文、莲花纹和莲瓣纹。类似器物见于《乾隆皇帝是一是二图》中。

圆盖内部
书"大德吉祥场"篆字

海水纹

莲花纹

嘉庆皇帝与圆明园

乾隆二十五年（1760年），嘉庆皇帝颙琰生于圆明园九州清晏的天地一家春，皇子时期被赐居于圆明园天然图画的五福堂。乾隆六十年（1795年），乾隆皇帝在圆明园勤政殿召见皇室宗亲、王公大臣，宣读立储密旨，立颙琰为皇太子。嘉庆元年（1796年），清朝最特殊的典礼——乾隆皇帝传位于嘉庆皇帝的授受大典在太和殿举行。随着"皇帝之宝"的交授，嘉庆皇帝正式继位。

嘉庆皇帝继位后，虽身居高位，但最高决策权仍归太上皇乾隆皇帝所有，难以独断，无法摆脱乾隆时期的成规，圆明园依旧是听政之所。嘉庆皇帝在圆明园年均居住约162天，最多时于嘉庆十九年（1814年）驻跸247天，最少时于嘉庆元年（1796年）驻跸111天。他曾在御旨中说："我皇祖世宗宪皇帝勤求治理，整饬官联。自是以后，圆明园奏事，文职衙门轮为九班，武职衙门轮为十班。我皇考纯皇帝遵行六十余年。朕嗣统二十年以来，亦恪遵罔懈。诚以我朝家法，勤政为先，驻跸御园，与宫内办事，无一日少闲。"此处"御园"即圆明园。

① 幼时的嘉庆皇帝

② 仙楼
室内以木材装修隔成二层阁楼，因常作为供奉神佛之所而得名，也可作他用。

③ 牡丹盛开
意指所绘时间为仲春时分

④ 玻璃窗
此通景画挂于长春园内思永斋，据记载，思永斋内窗户多安玻璃。画中玻璃通透，可见窗后妃嫔衣饰花纹。

乾隆帝妃与嘉庆帝幼年像

嘉庆皇帝在位期间对圆明园进行了进一步修缮,特别对绮春园进行了精心营造,并写了《绮春园记》和"绮春园三十景"系列诗。他在《绮春园记》中写道:"圆明、长春二园之东南即绮春园,名虽三而实则一,中有门墙之隔耳。斯园先名交辉,为怡贤亲王赐邸,又改赐傅恒及福隆安,呈进后,蒙皇考定名绮春。遂开通门径,西达秀清村,东接蔚园,豁然贯通矣。顾年久荒废,殿宇间有倾圮,湖泊亦多淤垫,丹陛剥落,基址湫湿。爰自嘉庆六年驻跸御园之后,暇时临莅弗适于怀,每岁修理一二处。屏绝藻绘,惟尚朴淳。花木遂其地产之茂蕃,溪山趁其天成之幽秀。园境较圆明园仅十分之三,而别有结构自然之妙趣。"

嘉庆皇帝延续了之前的建园思路,将历史底蕴与文化内涵融入绮春园中,如绮春园中的"喜雨山房"一景,便与苏轼建喜雨亭颇有渊源。喜雨山房之旁竖有一通卧碑,其上刻有御制《喜雨山房记》,为清朝四大书法家之一——铁保楷书。《喜雨山房记》有言:"喜雨山房之额,名副其实矣。岂同苏轼《喜雨亭》,一郡之喜,遂欣然自作记乎?"可见喜雨山房化用了苏轼《喜雨亭记》中所写建亭之典故,取祈雨之意,以求天下风调雨顺、万民衣食无忧。

嘉庆七年(1802年),春熙院被赐给庄敬固伦公主,"圆明五园"的结构不复存在。

春愁雨少夏愁多 顾叶农
时助麦禾村
舍阴浓全幂历
历一犁甘泽
洽坡陀

春愁雨少夏愁多,愿叶农时助麦禾。村舍阴浓全幂历,一犁甘泽洽坡陀。

——嘉庆御题万家春雨册诗

春簋雨家

春愁雨少夏
愁多願叶農
時助麥禾村
舍陰濃全幕
歷一犁甘澤
洽坡陀

万家春雨图

包袱瓶

又称为"布袋瓶"或"袱系纹瓶"，是清朝创烧的新器型，出现于康熙时期，流行于乾隆、嘉庆年间。此类器型独具特色，尺寸大小不一，常在器身的肩部或腹部以一条凸雕包袱带或束带为装饰，带子围绕器身扎起，系成蝴蝶结，用坚硬的瓷土来表现柔软、堆满褶皱的织物，层次明显区别于器身其他部分，釉彩艳丽，施釉肥厚，姿态婀娜，鲜妍明媚，增添一抹雍容华贵。

"包袱"谐音"包福"，寓意幸福吉祥，祈愿天下太平，生活美好。此类器型为宫廷皇家所喜爱，是常见的御用之物。

粉彩番莲包袱瓶

清嘉庆
撇口，宽颈，斜肩，圈足。
高29厘米，口径9.5厘米，底径9.8厘米。

    此器为包袱瓶器型，通体绿地彩绘缠枝西番莲纹，颈部有一磬样纹饰，与西番莲、如意云纹串联，瓶身为凸雕的粉地包袱系结图案，别具立体之美。包袱、磬与连绵不断的西番莲纹，寓意"福庆连连"。底部外缘饰有各色莲瓣纹，器内与外底施浅蓝色釉，底部中央有"大清嘉庆年制"三行六字篆书红料款。

    此器造型秀美，线条婀娜，色彩清新雅致，如一袭绿裳的娉婷仕女肩挽粉色披帛，娇俏可人，令人赏心悦目。

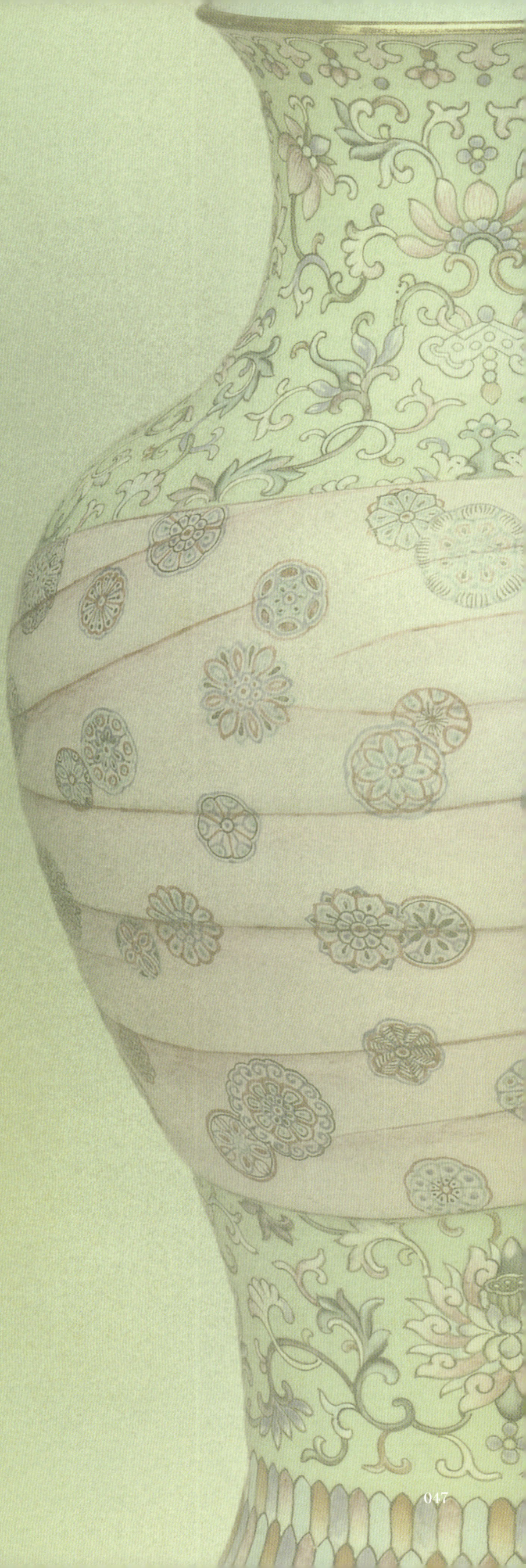

道光皇帝与圆明园

嘉庆二十五年（1820年），嘉庆皇帝病逝于承德避暑山庄，嫡长子旻宁即位，次年，改元道光。道光三年（1823年）正月十二日，道光皇帝第一次以皇帝的身份驻跸圆明园，平均每年在圆明园生活约260天，最多时于道光二十九年（1849年）驻跸355天。

道光二年（1822年），熙春园被一分为二赏给了皇室宗亲，由此，"圆明五园"的时代结束了，只余"圆明三园"。在圆明三园中，道光皇帝重点改造了圆明园，特别对九州清晏进行了大幅改建，将其中的乐安和、怡情书史及北侧鱼池原址改建为五间三卷大寝宫——慎德堂。慎德堂是道光皇帝在圆明园内的主要生活场所，与紫禁城内的养心殿作用相仿，也是皇帝处理政务之所。"慎德"二字源自《尚书·商书·太甲上》"慎乃俭德，惟怀永图"，承载了道光皇帝"崇俭去奢，慎修思永"的执政理念，正如道光皇帝御作《慎德堂记》中所写："然行俭责在一人，不以天下自奉非概从悭悋也。若救饥拯溺、去暴安良，国用之常经、民生之休戚，正措施之不遑，又何可稍存吝惜于其辨也！是以修身务存俭约之心，以期永久图治之道，可不加慎而切记之乎？"道光三十年（1850年），道光皇帝于慎德堂中驾崩。

道光帝喜溢秋庭图

"慎德堂宝" 钤本

道光皇帝

静妃博尔济吉特氏

皇贵妃钮祜禄氏

彤嫔舒穆禄氏

皇六子奕䜣

六公主

皇四子奕詝

三公主

慎德堂制款黄地粉彩博古图碗

清道光
高 7 厘米，口径 17.3 厘米，底径 6.3 厘米。

　　署"慎德堂制"款的瓷器多为道光皇帝的御用品。陈浏在《陶雅》中评到："慎德堂为道光窑中无上上品，足以媲美雍正。质地之白，彩画之精，正在伯仲间。"

　　"慎德堂制"款瓷器做工精细，优于同时期"大清道光年制"款瓷器，堪与雍正、乾隆时期之精品相媲美，主要是彩瓷和颜色釉瓷，彩瓷以粉彩器居多，有碗、盖碗、盘、瓶、渣斗、罐、盆等品种，其上多绘有山水人物或吉祥图案，"有图必有意，有意必吉祥"。器物多为红彩侧锋"慎德堂制"四字楷书款，亦有"慎德堂"三字款，其中以三字直款者为贵。

　　此碗便是典型的慎德堂制款瓷器，碗外壁以黄釉为地，描绘缠枝花纹，腹部四个开光体，每个开光体内分别绘有精致的动、植物纹样，有象征平安的大象、如意、瓶，象征富贵的牡丹，象征吉祥的水仙，象征多福的佛手等，多个图案联系在一起，寓意"太平有象""吉祥如意""事事平安"等。

福寿三多

050

富贵有余

太平有象

吉祥如意

咸丰皇帝与圆明园

　　道光十一年（1831 年），咸丰皇帝奕詝生于圆明园九州清晏的澄静斋，他于咸丰二年（1852 年）四月二十二日正式以皇帝的身份驻跸圆明园，在咸丰三年（1853 年）、四年（1854 年）停止驻园，于咸丰五年（1855 年）以"在圆明园办事本是祖制"为由恢复驻园。至咸丰十年（1860 年），他平均每年驻园约 216 天，最多时于咸丰七年（1857 年）驻跸 317 天。

　　咸丰皇帝驻跸圆明园期间，常居于慎德堂，其后妃们居于天地一家春，太后、太妃们则居住在绮春园寝宫区，这几处也是咸丰时期对圆明园改建、扩建最多的场所。

　　咸丰十年（1860 年），英法联军入侵北京，咸丰皇帝从圆明园仓皇逃往承德避暑山庄。英法联军闯入圆明园，掠夺其中的奇珍异宝，并四处纵火，"万园之园"陷入一片火海。从雍正时期开始成为紫禁城之外的政治中心到咸丰时期被焚烧这 130 多年中，圆明园承载了清朝五位皇帝的治世思想、造园理念、审美意趣、世界认知。清朝皇家园林中绝无仅有的御园之首，至此，成为今人无法窥见全貌的千古绝唱。

落落眼中吞土，漫漫脚下荒坡。
登临还见旧山河。
秋高溪水瘦，人少夕阳多。

——顾随

圆明园之
前殿后寝

第三章

九州清晏

正大光明直北為斁餘游息

正大光明：

依山傍水，风水宝地

从大宫门进入圆明园，首先看到的是正大光明。正大光明是皇帝举行盛大朝会及庆典的场所，与紫禁城中的太和殿功能相仿，尽显皇家威仪。沿着中轴线前行，依次走过的是宫门广场、御河、出入贤良门和正大光明殿。据记载，正大光明殿和大宫门建成于雍正三年（1725年），同年八月，雍正皇帝首次参观扩建后的圆明园，并就此长期驻跸。乾隆五十八年（1793年），英国使者马戛尔尼来华访问，随行使团带来的天体运行仪、天球图、西洋船模型等仪器均被安排陈列在正大光明殿。

出入贤良门

朝房

御河

宫门广场

正大光明殿位于高出周围地面约 1.2 米的花岗石台基之上，殿上悬挂雍正皇帝手书"正大光明"匾额，殿内悬挂着雍正皇帝书联"心天之心而宵衣旰食，乐民之乐以和性怡情"，正是其一生勤于政务，为国家和百姓尽心尽力的写照。殿堂一共有七开间。在中国古建筑中，一般设有三开间、五开间、七开间和九开间（极少数情况下有十一开间）。其中，皇家和封爵贵族才可以用七开间及以上的建筑规制。早期的正大光明殿不施彩画，所用材料是金丝楠木，昂贵但不失质朴。乾隆时期，殿柱被漆成朱红色，柱头上还有五爪金龙等装饰。

此外，正大光明殿的正殿东边有一条长廊，西边没有，这也是所有正殿里唯一一处东西两端不对称的地方。增加长廊是为了确保皇帝在刮风下雨等极端天气情况下，出入不受影响。正大光明殿之后，是笋石密布的寿山和碧波荡漾的前湖。殿前宽阔敞亮，殿后峭石嶙峋，兼具政治气氛与园林意趣，既体现了皇家宫殿的宏大气势，又融入了山水园林的灵动之美，是圆明园造园艺术的得意之笔。

寿山笋石

正大光明殿

中轴线

正大光明

　　园南出入贤良门内为正衙。不雕不绘，得松轩茅殿意。屋后峭石壁立，玉笋嶙峋。前庭虚敞，四望墙外，林木阴湛，花时霏红叠紫，层映无际。

　　胜地同灵囿，遗规继畅春。当年成不日，奕代永居辰。义府庭罗璧，恩波水泻银。草青思示俭，山静体依仁。只可方衢室，何须道玉津。经营惩峻宇，出入引贤臣（"出入贤良门"匾额皇考御笔也）。

　　洞达心常豁，清凉境绝尘。常移云馆跸，未费地官缗。生意荣芳树，天机跃锦鳞。肯堂弥厪念，俯仰惕心频。

峻宇：高大的房屋。《尚书·五子之歌》："甘酒嗜音，峻宇雕墙。有一于此，未或不亡。"

恩波：君王的恩泽。贾至《早朝大明宫呈两省僚友》："共沐恩波凤池里，朝朝染翰侍君王。"

芳树：泛指树木。王维《和尹谏议史馆山池》："春池百子外，芳树万年馀。"

奕代：接连几个世代。曹植《皇子生颂》："仁圣奕代，永载明明。"

錦鱗宵堂彌厪念俯仰惕心頻

雲館蹕未費地官緡生意榮芳樹天機躍

御筆也　皇考　洞達心常豁　清凉境絕塵常移

額

正大光明

園南出入賢良門內為正衙不雕不

繪得松軒茅殿意屋後峭石壁立

玉筍嶙峋前庭虛敞四望牆外林木

陰湛花時霏紅疊紫層映無際

勝地同靈囿遺規總暢春當年成不日奕

代永居辰義府庭羅壁恩波水瀉銀草

青思示儉山靜體依仁只可方衢室何須

道玉津經營懲峻宇出入引賢臣

出入賢良門扁

华盖

皇帝

鼎炉

平定回疆剿擒逆裔战图册·凯宴成功将士

清朝皇帝在圆明园正大光明殿举行的重大活动有六类：一是皇帝寿辰，御殿接受王公大臣、外藩使臣朝贺，并于殿内宴赏；二是接见重要的外藩来使和外国使臣；三是科举殿试之后，御殿"传胪"，钦定状元；四是御殿赐宴凯旋将士；五是公主下嫁成婚定礼，御殿赐宴王公大臣；六是在正大光明殿举行御考。此外，皇帝去世后，也会于正大光明殿停灵。

道光八年（1828年）八月初七，道光皇帝于圆明园正大光明殿赐宴凯旋的将士。在这幅宫廷画作中可以看到，华盖开路、前呼后拥的道光皇帝乘坐步辇进入典礼现场，凯旋的将士们正在七开间的正大光明殿前面等候觐见并接受封赏。现场有南府（升平署）乐工奏乐，中和韶乐、中和清乐设于殿外东西檐下，丹陛大乐、丹陛清乐设于出入贤良门左右。

笙、笛、方响、云锣等

鼓

马戛尔尼进自来火鸟枪

18 世纪
英国制造
长 159 厘米，枪管口径 2 厘米。

清乾隆五十八年（1793 年），英国使者马戛尔尼率使团，以贺乾隆皇帝寿辰为名来华，携带了大批礼物，其中就包括这支自来火鸟枪。此枪通体光彩夺目，其上鋄金西洋花蔓草纹，雕饰以多种兵器图案，如刀、枪、剑、盾、斧、号

等。枪管正中鋄有英文，注明了此枪的制造者、制造地及该枪献与皇帝陛下。一羊皮签条系于枪栓上，签条上字迹虽模糊，但能辨出有满文、汉文、蒙文、藏文四种文字。

鋄，意为马首饰，张衡《东京赋》中有"龙辀华轙，金鋄镂锡"之句。

在中国古代传统金属工艺中，有名为"鋄金"、"鋄银"的特殊技艺。其做法是：在金属胎上先以斜刀錾出横竖阴线，再把薄金片或银片置于其上锤揲，使薄金、银片的背面深陷阴线之内，待打平磨光后，形成表面平滑的金饰或银饰。这种工艺多用于铁质器物，如车马饰、家具、生活用品的制作，做工考究，纹样精致。

鎏金象首

清

长 53 厘米，宽 11 厘米，高 13 厘米。

此件铜鎏金象首 2014 年出土于圆明园大宫门御河遗址。其精妙之处在于随象鼻弯曲角度自然刻画出的褶皱，长牙向上翘起，大耳附于头两侧。其造型精巧，线条流畅，神态安详，整体制作工艺考究。大象在中国传统文化中被视为高贵吉祥的象征，据推测，这个铜鎏金象首，应是某种器物，如鼎或香炉的一部分，作为宫廷日常陈设器使用。（由圆明园管理处提供）

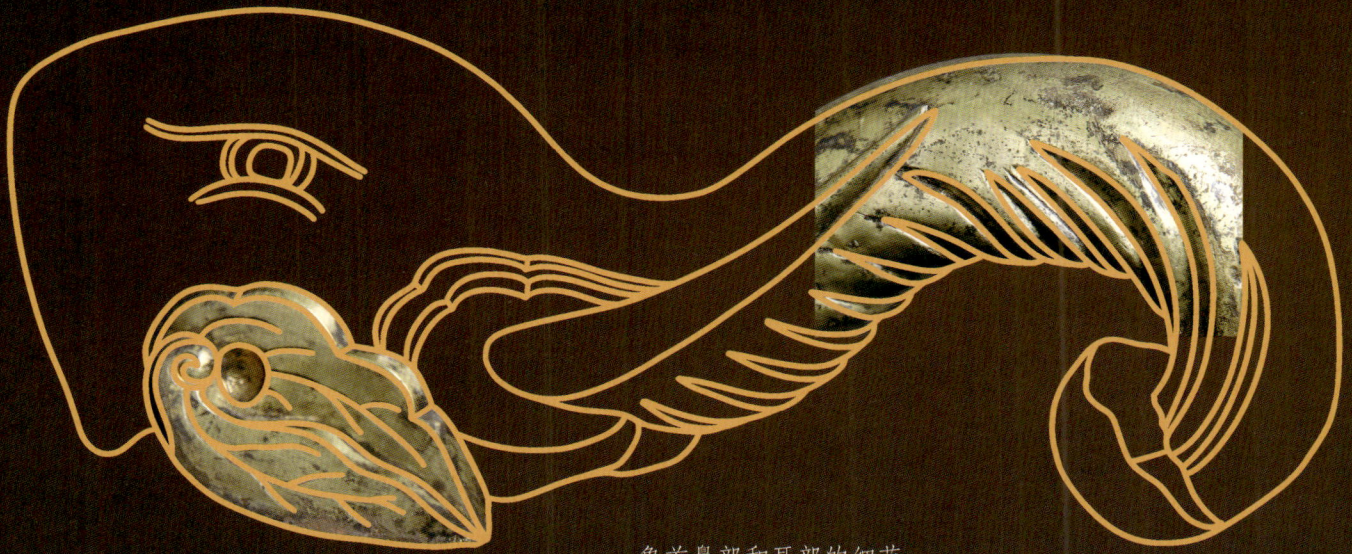

象首鼻部和耳部的细节

勤政亲贤：

宵衣旰食，明君无逸

勤于政务、亲近贤才，是古代明君的及格线。圆明园四十景之一的"勤政亲贤"原名勤政殿，是清朝皇帝听政和处理日常政务的办公厅，也是圆明园的核心政务区域之一，重要性不言而喻。

勤政殿坐北朝南，外檐悬雍正皇帝御书"勤政殿"匾额。这里是皇帝平时批省奏折、召对臣工、引见官员和会见外藩王公之所，见证了无数重大决策的诞生和外交活动的进

行。据记载，雍正皇帝正式搬进圆明园后，在勤政殿等待大臣奏事，却鲜有人来，这让他感到失落。随后雍正皇帝向六部发布谕旨，强调自己在圆明园就像在紫禁城一样，此诏书也标志着圆明园正式成为紫禁城外的又一政治中心。

殿内明间设有御座，彰显皇帝权威。御座之后的屏风上刻乾隆皇帝御书"无逸"，时刻提醒皇帝身为一国之君不可贪图安逸，应勤勉治国。殿后檐额高悬雍正皇帝御书"为君

难"。东壁陈列乾隆皇帝御制《创业守成难易说》，西壁陈列御制《为君难跋》。为君与为臣孰难？创业与守成孰难？乾隆皇帝解释："为君难，为臣不易。""创拨乱之业其功既难，守已成之基其道不易。"阐释了为君与为臣，守成与创业之间的两难。

通往"九州清晏"的小桥

四进

三进

抱厦：在主建筑前后接出来的小房

御座之后的屏风上镌刻写着"无逸"

太和秀石名葩庭軒明敞

觀閣相交林徑四達

庭訓昭雲日欽承切式刑勑幾

宵旰暇籲俊剗靡寧一念微蒙

聖羣言雜渭湮乾乾終始志無

逸近書屏

籲俊

吁俊：招呼贤人。《尚书·立政》："古之人迪惟有夏，乃有室大竞，吁俊尊上帝。"

乾乾

乾乾：自强不息。《周易·乾》："是故居上位而不骄，在下位而不忧，故乾乾因其时而惕，虽危，无咎矣。"

切式刑

切式刑：
切，要；式，法；刑，法，效法。此处指代传统的法典。

勤政親賢

正大光明之東為勤政殿
日於此披省章奏召對臣
工亭午始退座後屏風書
無逸以自勗又東為保合

乾隆御诗

勤政亲贤

正大光明之东为勤政殿，日于此披
省章奏，召对臣工，亭午始退。座后屏
风书"无逸"以自勗。又东为保合太和，
秀石名葩，庭轩明敞，观阁相交，林径
四达。

庭训昭云日，钦承切式刑。
勅几宵岂暇，吁俊刻靡宁。
一念征蒙圣，群言辨渭泾。
乾乾终始志，无逸近书屏。

"螺"意为螺蚌一类的贝壳，"钿"意为镶嵌装饰。"螺钿"是一种传统装饰工艺，即把贝壳的珠光层加工成薄片后，制成花鸟虫鱼等形状，镶嵌到设计好的凹形图案中，涂上一层光漆并磨平抛光，形成装饰品。

螺钿圆扇绣屏

胤禛行乐图·书斋写经

勤政之余，皇帝有自己的休闲娱乐方式，比如雍正皇帝偶有闲暇就让宫廷画家为自己画像。画像之时，他还会想方设法扮演各种文人学士或是渔樵耕读的形象以取乐解闷，流传至今的多幅《胤禛行乐图》因此而来。行乐图中他清涟濯足、观云望山、赏花听鹏、湖边漫步、水畔闲坐，物我两忘，恬然自乐。

天气严寒，屋外白梅绽放，屋内火盆正旺，即便这样，"劳模"雍正皇帝依然手不释卷。

归来风景逼心清，雪满中庭，月满中庭。
一炉松火暖腾腾，看罢医经，又看丹经。
——李廷机

胤禛行乐图·围炉观书

金嵌珍珠天球仪

清乾隆

球径 29.5 厘米，架高 61.5 厘米。

天球仪是古人认识星空的天文仪器，其可转动的球面上绘有星座、星官、黄道、赤道、赤经圈、赤纬圈等。这件天球仪为清乾隆年间内务府造办处制造，由天球、支架和底座组成，以黄金为之。天球球体按照清乾隆年间所编《仪象考成》中的记载，用珍珠镶嵌了二十八星宿等数千颗星，每一颗珍珠代表一颗星，星越亮所用珍珠越大，星侧标有名称，星间用阴线相连，以示星座，并阴刻三垣，外绕赤道环、地平环。天球支架呈九龙盘绕式，制作精细、造型繁复。底座为金胎嵌珐琅所制，四兽足环座，座面凸起海水纹，座上有东、西、南、北四象字，座心为罗盘。

此为流传至今唯一一件以黄金制成的天球仪模型，也是乾隆皇帝勤政之余的御用赏玩之物，堪称稀世珍宝。

九龙盘绕支架

三代以上，人人皆知天文。
七月流火，农夫之辞也；
三星在天，妇人之语也；
月离于毕，戍卒之作也；
龙尾伏晨，儿童之谣也。

——顾炎武

罗盘

凸起海水纹

四兽足环座

九州清晏：

前朝后寝，阴阳相合

皇帝白天在勤政亲贤办公，晚上去哪里休息呢？九州清晏是首选。

这里是皇帝和后妃的主要寝宫，也是圆明园中的禁区。除了皇帝和后妃，只有太监和宫女可以进入，所以它被设计成一座岛屿，仅通过几座小桥与外界连接。

"九州"即九个小岛，每个岛独立成景，象征着天下九州，它们组合起来的形状像一个龟壳，寓意龟寿延年、江山永固，体现了"一统九州，天下升平"的政治思想。"清晏"

取自成语"河清海晏"，意思是黄河的水清了，大海也平静了，比喻天下太平。

如果像鸟儿一样从空中俯瞰九州清晏，会发现它的三座主要殿堂形成了一条中轴线，中轴线上自南而北坐落着圆明园殿、奉三无私殿、九州清晏殿。第一进殿是圆明园殿，殿前檐悬挂康熙皇帝御书"圆明园"三字匾额。第二进殿为奉三无私殿，是御园祭殿，摆有祭殿神供，同时也用来举办皇家宗亲宴，每年正月十四，皇帝会钦点皇子、皇孙、亲王、贝勒等皇族成员在此举办宴筵。第三进殿即九州清晏殿，悬挂有雍正皇帝手书"九州清晏"匾额。

三大殿东侧的"天地一家春"，是后妃寝宫诸院的总称。这里是嘉庆皇帝出生的地方，咸丰皇帝也曾长居于此。更重要的是，这里也是慈禧太后曾经长期生活并确立其宫廷地位的地方。"九州清晏"的设计蕴含着前朝后寝、阴阳和合的观念。前面办公，后面睡觉，可以说是古代的SOHO（家居办公）！

天地一家春

何煌煌御書九州清晏　皇心乃舒宵構執責繼序在予業業兢兢奉此遺模一念之間敬肆攸殊作狂作聖繫彼斯須謂天可畏屋漏與俱謂民可畏敢欺其愚六膳八珍刌乎御厨念彼溝塈曷其飽諸水榭山亭天然畫圖瞻彼茅檐痌瘝切膚慎終如始前聖之謨嗚呼小子毋渝厥初

痌瘝：疾苦。苏轼《送张天觉得山字》："祝君如此草，为民已痌瘝。"

六膳八珍：六膳乃牛、羊、豕、犬、雁、鱼也。八珍谓淳熬、淳母、炮豚、炮牂、捣珍、渍、熬、肝膋也。《周礼》："掌和王之六食、六饮、六膳、百羞、百酱、八珍之齐……凡会膳食之宜，牛宜稌，羊宜黍，豕宜稷，犬宜粱，雁宜麦，鱼宜菰。"

画图：美丽的自然景色。元稹《春分投简阳明洞天作》："郡邑移仙界，山川展画图。"

乾隆御诗

九州清晏

正大光明直北为几余游息之所。芬橑纷接，鳞瓦参差。前临巨湖，淳泓演漾，周围支汊纵横，旁达诸胜，仿佛浔阳九派，骈衍谓裨海周环为九州者九，大瀛海环其外，兹境信若造物施设耶！

昔我皇考，宅是广居。旰食宵衣，左图右书。园林游观，以适几余。岂縶廊庙，泉石是娱。所志维何，煌煌御书。九州清晏，皇心乃舒。肯构执责，继序在予。业业兢兢，奉此遗模。一念之间，敬肆攸殊。作狂作圣，系彼斯须。谓天可畏，屋漏与俱。谓民可畏，敢欺其愚。六膳八珍，刌乎御厨。念彼沟塈，曷其饱诸。水榭山亭，天然画图。瞻彼茅檐，痌瘝切肤。慎终如始，前圣之谟。呜呼小子，毋渝厥初。

煌煌：光彩鲜明。《诗经·陈风·东门之杨》："昏以为期，明星煌煌。"

九州清晏

正大光明直北為幾餘游息之所梵橑紛

接鱗瓦櫛差前臨巨湖漙泓演漾周圍支

汉縱橫旁達諸勝仿彿潯陽九派騷衍謂

裨海周環為九州者九大瀛海環其外兹

境信若造物施設耶

昔我 皇考宅是廣居旰食宵衣左圖右書園

林遊觀以適㡬餘岂縈廊廟泉石是娛所志維

十二月禁御图·应钟协律

　　宫廷画家周鲲创作的《十二月禁御图·应钟协律》，展现的正是农历十月圆明园九州清晏中的美景。"应钟"对应孟冬之月，即农历第十个月。画上题有御制诗："文轩复阁小俄延，启辔新秋候已旋。两月风光异尔许，初冬景色又依然。迎霜锦树疏兼密，向晚黄华淡复鲜。每自静观知道妙，无停停处不迁迁。"钤印"含经味道""乾隆宸翰"。

　　此时正值秋天，层林尽染，宫殿面临湖水，周围土山环绕，建筑排列整齐。宫殿旁植有柏树、枫树数棵，直立挺拔，另有四棵整形修剪的几何式造型树，前后左右距离对称，可见其时西洋古典园林之意趣已渐渐融入传统中式园林。沿着石子路，迎面便是圆明园殿，大门前有一对铜香炉，门墙边另有高脚支架扶持高耸老树，后面是宽广的庭院。

初冬圆明园作
不迁　　
知道妙无停停处
淡复鲜每自静观
菊窨向晚黄华
依然迎霜锦树疏
许初冬景色又
旋两月风光异尔
启辔新秋候已
文轩复阁小俄延

几何造型的树（借鉴西方园林风格修剪而成）

基座为"鼎"形的铜香炉

文軒後閣小俄延
啓牖新秋候已
旋兩月風光異乎
許初冬景色又
依然迎霜鈴樹陳
蕭索向晚黃華
淡復鮮每自舒觀
知道妙無停～雷
不遠～
初冬圓明園作

079

雍正款画珐琅五岳朝天花囊

清雍正

鼓腹，圈足。

高 11.6 厘米，最大口径 4.9 厘米。

　　器身圆体，上部中央有一颈口，肩部另出五只细长圆管颈。通体黄色珐琅地，肩部及腹底施宝蓝、黑色地，细长圆管颈下方绘有如意头，间饰红折枝花。器身以缠枝西番莲纹样装饰，浅绿蕊，宝蓝心，红花瓣，衬以绿叶。足部以红色折枝菊花装饰。足底正中双蓝线方框内书"雍正年制"双行四字款。

　　此器工艺考究，造型新奇，是清雍正时期画珐琅器中的新器形。图案描绘细致齐整，纹样绘制采用了退晕的手法，使图案由外至内的颜色层次依次为白、浅色、深色。整体色彩对比强烈，光彩夺目。

　　据《清宫内务府造办处档案》记载："雍正四年四月十六日员外郎海望奉旨：着照九州清晏陈设的磁花插款式，烧做珐琅花插几件……于八月十四日做得珐琅六管花插二件……"可见其时清宫称此器为"六管花插"或"五岳罐"，做插花之用，是九州清晏中的陈设。

纹样绘制采用了退晕的手法，使图案由外至内的颜色层次依次为白、浅色、深色。

西番莲纹

　　中国传统吉祥花卉纹样。花头似莲花，花瓣层层叠叠，无莲蓬。西番莲纹是明朝皇室的专用纹样，《礼部志稿》卷十八中有言："天顺二年令，官民人等衣服不得用龙蟒、飞鱼……四宝相花、西番莲、大云花样，并玄黄、紫及玄色样，黑、绿、柳黄、姜黄、明黄等色。"及至清朝，无此禁忌，西番莲纹被广泛用于瓷器、家具、建筑等物上，寓意清廉、连绵不绝。

六颈

俯视此器型，可见中央一只颈口，
肩部五只稍细管颈，共六颈。花卉可分
颈整齐插于器中，便于观赏。

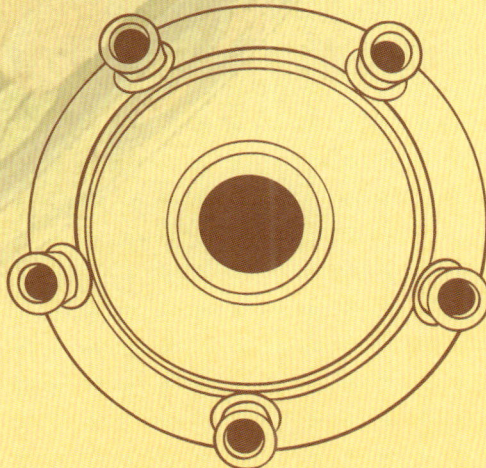

长春仙馆：

欢心日永，乐志春长

皇帝的宅子这么多，不可能只有一个睡觉的地方吧！除了九州清晏，其中被誉为"第二寝宫"的便是长春仙馆。这里有正殿五间，是一个完整的小四合院，由垂花门、东西厢房、正房等组成。正房外檐挂有乾隆皇帝御书"长春仙馆"匾额。

长春仙馆始建时间不晚于雍正四年（1726 年），因周

围水池种有很多莲花，故初名莲花馆。据记载，雍正五年（1727年），16岁的弘历和15岁的富察氏在圆明园举行大婚，婚后两人感情深厚。雍正七年（1729年）起，弘历和富察氏被赐居于此，夫妻二人在此度过了许多甜蜜的时光，相敬如宾，恩爱异常。雍正十一年（1733年），弘历被赐雅号"长春居士"。正因为此，他登基后便将莲花馆改名为长春仙馆。

乾隆三年（1738年），当乾隆皇帝第一次以皇帝身份驾临圆明园时，就宣布长春仙馆为崇庆皇太后在圆明园的住所。为何要安排母亲住在长春仙馆呢？因为长春仙馆不仅有莲池，前院后院还大量培植月季。月季又叫长春花，长春即长寿，足以体现乾隆皇帝对母亲的一片孝心。《清高宗实录》中还能看到"奉皇太后御长春仙馆""奉皇太后居长春仙馆""上诣长春仙馆问皇太后安"等各种记录。直到崇庆皇太后去世，这里改为佛堂，成了乾隆皇帝缅怀母亲的清静之地。

常時問 寢地曩歲讀書堂秘

閣冬宜燠 靈亭夏亦涼 歡心依

日永樂 志願春長階下松齡祝

千秋奉 壽康

千秋

千秋：岁月长久。王维《大同殿生玉芝龙池上有庆云百官共睹圣恩便赐宴乐敢书即事》："共欢天意同人意，万岁千秋奉圣君。"

日永

日永：夏天白昼长。《尚书·尧典》："日永，星火，以正仲夏。"

冬宜燠

冬宜燠：冬暖。谢灵运《山居赋》："夏凉寒燠，随时取适。"

乾隆御诗

长春仙馆

循寿山口西入，屋宇深邃，重廊曲槛，逶迤相接。庭径有梧有石，堪供小憩。予旧时赐居也。今略加修饰，遇佳辰令节，迎奉皇太后，为膳寝之所，盖以长春志祝云。

常时问寝地，曩岁读书堂。
秘阁冬宜燠，虚亭夏亦凉。
欢心依日永，乐志愿春长。
阶下松龄祝，千秋奉寿康。

長春仙館

循壽山口西入屋宇深邃重

廊曲檻逶迤相接庭徑有梧

有石堪供小憩于舊時

賜居也今略加脩飾遇佳辰令節

迎奉

皇太后為儲寢之所蓋以長春志

祝云

月曼清游图·碧池采莲

《月曼清游图》绘制了宫廷仕女一年十二个月的生活玩乐之景，其名中的"月"字象征女子，《诗经·陈风·月出》曰："月出皎兮，佼人僚兮。舒窈纠兮，劳心悄兮！月出皓兮，佼人懰兮。舒慢受兮，劳心慅兮！月出照兮，佼人燎兮。舒夭绍兮，劳心惨兮！"可见以月喻女子自古有之。"曼"字

则突出了女子嫣然娟秀的容貌，《楚辞·大招》云："娲目宜笑，娥眉曼只。容则秀雅，稚朱颜只。"再观此图中仕女弯曲细长的眉毛，望穿秋水的星眸，便知"月曼"意指明眸皓齿的姣姣女子。

六月的深宫仕女如何游玩呢？可从此图略窥一斑。深宫一隅，垂柳池塘畔，数位佳丽或撑舟采莲，纤纤玉手抚弄莲叶，将摘得的莲花插入青花瓷瓶中；或临水赏莲，手执团扇，于岸边观望。想来六月的圆明园中也是如此一番赏莲消夏的场景——"采莲歌有节，采莲夜未歇"。

撑篙背立

执伞对谈

崇庆皇太后八旬万寿图

自雍正十三年（1735年）至乾隆四十二年（1777年），崇庆皇太后共经历了四次旬寿，每次旬寿乾隆皇帝都为她举办盛况空前的祝寿活动，《檐曝杂记》中如此形容："锦绣山河，金银宫阙，剪彩为花，铺锦为屋，九华之灯，七宝之座，丹碧相映，不可名状。每数十步间一戏台，南腔北调，备四方之乐，倡童妙伎，歌扇舞衫，后部未歇，前部已迎，左顾方惊，右盼复眩。游者如入蓬莱仙岛，在琼楼玉宇中，听霓裳曲，观羽衣舞也。"

此图所绘为乾隆三十六年（1771年）十一月二十五日崇庆皇太后八旬大寿的庆寿场景。《清高宗实录》中记载"辛酉（二十五日）……上诣慈宁宫侍皇太后宴，彩衣舞，奉觞，皇子、皇孙、皇曾孙、额驸等以次进舞"，此绘制场景应为彩衣躬舞、捧觞上寿之后，众人落座，皇子皇孙汇聚，五代同堂。全图共绘180余人，采用中西结合的画法，器物线条、人物面部均精勾细描，俨然一幅栩栩如生的皇家全家福。

088

　　上段为坐北朝南的黄琉璃瓦大殿内端坐的崇庆皇太后及祝寿人群。崇庆皇太后坐于主位宝座，座上靠背雕有龙纹，座前桌上各色菜品清晰可见，乾隆皇帝着冬朝袍、外罩衮服坐于侧边方凳上，东西间各有或坐或立的女眷若干，间或怀抱婴儿者数人。东尽间檐下陈设有建鼓、琴等乐器。

中段为大殿之外的月台。正中摆设一红漆长案，长案上有酒壶、酒杯等器具，皆成对整齐而列。长案左右站立着身穿金黄色朝服的皇子和顶戴三眼花翎的侍卫，几个岁较小的皇子皇孙围绕长案玩闹嬉戏，有的拿着梅花，有的准备点燃鞭炮，有的害怕地捂耳朵，有的手捧乐器，有的手摇玩具，表情各异，生动活泼。

下段为供奉器具及服侍人群。正中设一小型黄布亭，亭中有一红漆长桌，其上摆放反坫之礼器，如金爵、金樽、金罍等。亭周为演奏丹陛大乐的人员，众人着红衣，持云锣、笙、拍板等乐器，边缘为燕飨乐队、跳喜起舞的人员等，整体呈"U"字形站位。

東西參錯環植文杏春深裹

爨爛然如雲霞前綴小圃雜蒔

蔬蓏識野田村蔬氣象

紅雪韻空庭宵邃寒梅沾

宋愛花光傳藝苔花每乘宵

農經為梁栗漫說仙人館戴

圆明园之春

第四章

山高水长：

武帐宴下饮，万物珍重待春风

新年伊始，万物珍重待春风，圆明园热闹的地方有哪些？
首先就是山高水长。山高水长的主建筑是一座西向的两
层楼，上下各九间，有着卷棚歇山式屋顶，外檐悬挂乾隆皇
帝御书"山高水长"匾额。虽然这里是圆明园地势较高的地
方，地面却较为平坦、面积宽广，很像北方草原。皇帝时常

在这里观看八旗护卫比赛骑射，提醒众人不要忘记满族人的尚武精神和马背上打天下的民族传统。为此，山高水长楼前设有供骑射比赛用的马道。

每年正月十三之前，这里就会变得格外热闹，皇帝会设武帐宴，俗称"大蒙古包宴"，款待外藩王公、外国使节等。因此，这里还特地建有保障服务烟火盛会等活动的十三所。清朝皇帝们通过盛大的宴会和赏赐，表达对藩属国和外邦的怀柔之意，从而巩固与周边国家及地区的政治联系。这种外交活动对于维护清朝的宗藩体系、稳定边疆局势具有重要意义，体现了清朝统治者"内外一家连"的政治理念。

此較射

重構枕平川湖山萬景全時觀
君子德式命上賓筵湛露今推
外一家連
惠彤弓古尚賢更敶
賓筵
湛露
三接晉內

宾筵：宴请宾客的筵席。《诗经·小雅·宾之初筵》："宾之初筵，左右秩秩。"

湛露：君主之恩泽。《左传·文公四年》："昔诸侯朝正于王，王宴乐之，于是乎赋《湛露》。则天子当阳，诸侯用命也。"

三接：三度接见。《周易·晋》："晋，康侯用锡马蕃庶，昼日三接。"孔颖达注疏："昼日三接者，言非惟蒙赐蕃多，又被亲宠频数，一昼之间，三度接见也。"遂，"三接"也指恩宠之典。

乾隆御诗

山高水长

在园之西南隅，地势平衍，构重楼数楹。每一临瞰，远岫堆鬟，近郊错绣，旷如也。为外藩朝正锡宴，陈鱼龙角觚之所。平时宿卫士于此较射。

重构枕平川，湖山万景全。
时观君子德，式命上宾筵。
湛露今推惠，彤弓古尚贤。
更敶三接晋，内外一家连。

山髙水長

萬景

在園之西南隅地勢平衍

撐重樓數楹每一臨瞰遠

岫堆鬢近郊錯繡曠如也

爲外藩朝正錫宴陳魚龍

角觝之所平時宿衛士於

平川：广阔平坦之地。杨雄《幽州箴》："荡荡平川，惟冀之别。"

万景：诸般景色。刘禹锡《董氏武陵集序》："片言可以明百意，坐驰可以役万景，工于诗者能之。"

乾隆皇帝岁朝行乐图

新年期间，最热闹的节日便是元旦（古时指农历正月初一）和元宵。元旦是清朝皇家尤为重视的节日，除夕之夜，皇帝会举行明窗开笔仪式，又称"元旦开笔"。嘉庆皇帝在《养心殿联句有序》中写道："于每岁元旦子刻，即躬御是处，案设金瓯一，中注屠苏；玉烛一，手引发光。先御朱毫，后染墨翰。其笔管端镌字曰'万年青'，管曰'万年枝'，各书吉语数字，以祈一岁之政和事理。复进本年时宪书，流览一通，以寓授时省岁之义。"其时用到的器物便是金瓯永固杯、玉烛长调烛台和万年青笔，器物名寓意吉祥，体现了清朝皇家对江山永固、天下太平的期望，唯愿"玉烛光辉福遍锡，金瓯巩固德常新"。

节日之时，皇家会举行大规模的庆祝活动，宫廷画家便以此情此景凝注笔端，绘制岁朝图以示庆贺。岁朝图中不仅有穿庭跨院、忙碌准备的侍者，妆容精致、淡扫蛾眉的宫妃，活泼可爱、恣意玩闹的皇子，头束金冠、端坐廊下的皇帝，还有高低错落、云雾缭绕的宫殿群，精勾细描、逼肖实物的礼器。图中各事各物均取吉祥寓意，即使是角落中摆放的花草，也选取了岁朝清供中常见的种类，如水仙、山茶、灵芝等，以祈健康好运。

金瓯永固杯　玉烛长调烛台

头束金冠、端坐廊下的皇帝

岁岁平安

孩子们在院子里堆雪狮子

山高

水长

《岁朝行乐图》有多幅，左侧这幅画面中央的大殿内绘有乾隆皇帝的一众后妃，她们身着华服，神态各异，聚集在除夕"接神"的天地桌附近。因为《岁朝行乐图》与《万国来朝图》一样，都采用了虚实结合的手法，图中的人物形象以写实为主，所以可以通过比对《心写治平图》，确认图中部分妃嫔的身份。

天地桌一侧拱手而立，身着靛蓝披帛的女子为令妃魏佳氏；令妃身旁内着绯红绣纹上衣，外罩靛蓝袍的女子为舒妃叶赫纳喇氏；站在甪端造型器物旁头戴毛皮抹额，内着蓝色上衣，外罩香色袍，腰系白玉佩的女子为嘉妃金佳氏；天地桌另一侧外穿大红披风，内着蓝色上衣，执手炉的女子为纯妃苏佳氏。

纯妃苏佳氏

舒妃叶赫纳喇氏

令妃魏佳氏　　　　　嘉妃金佳氏

天竺花草

侍者所抬的大花瓶中插有山茶花、蜡梅、南天竺和松枝，山茶花粉嫩，叶片油绿；蜡梅金黄，开满枝头；南天竺红果累累，圆润可爱；松枝常青，疏密有度。诸般颜色，给冬日增添一抹生机，寓意健康长寿，幸福吉祥。

金瓯永固杯

清乾隆

高约 14 厘米，足径约 8.5 厘米。

此器为明窗开笔仪式御用器物，以黄金打造，夔龙为耳，三象头卷鼻为足，器身錾刻缠枝宝相花，以点翠为地，花心镶嵌珍珠及红蓝宝石。器口边缘以带状回纹装饰，正中一面錾刻篆书"金瓯永固"四字，另一面錾刻"乾隆年制"四字款识。据《清内务府活计档》记载："于本日七品首领萨木哈、催总白世秀将画得金杯纸样一张持进，交太监胡世杰呈览。奉旨，照样准做。其金杯足子做象鼻足子，镶珠宝点翠，金杯刻'金瓯永固''乾隆年制'之款。钦此。"

此器是盛放屠苏酒的器皿，"金瓯"二字典出《南史·朱异传》中"我国家犹若金瓯，无一伤缺"，喻指疆土完固、政权稳定。器身刻"金瓯永固"，寓意饮尽杯中酒，便能江山永固，万古长春。

同款金瓯永固杯现存世四个。

夔龙耳

红宝石

蓝宝石

珍珠

象头卷鼻足

玉烛长调烛台

清乾隆

通高 30.6 厘米，宽 9.5 厘米。

此器与金瓯永固杯一样为明窗开笔仪式御用器物，为可插烛的烛台，上方有一大一小两个玉雕花瓣形状的承盘，大承盘的盘心有阴刻篆体"乾隆年制""玉烛长调"八字。玉梃由细到粗，分上下两部分，上部分刻弦纹，下部分浮雕连枝花叶纹。玉梃下方为一玉稳瓶固定于紫檀座之上，玉稳瓶三侧各装饰有镂刻花草玉插角，花纹细腻，雕刻精致。据《清内务府活计档》记载："乾隆四年十一月镀金作，二十八日

七品首领萨木哈、催总白世秀来说，太监胡世杰交白玉梅瓣托，配做一蜡扦，上安珐琅稳瓶，其名'玉烛长调'；再配一金杯，其名'金瓯永固'，先画样呈览。钦此。"

"玉烛"二字典出《尔雅·释天》中"四气和谓之玉烛"，邢昺注疏"言四时和气，温润明照，故曰玉烛"，喻指四时风调雨顺，寒燠合序。承盘上刻"玉烛长调"，寓意国泰民安、风调雨顺。

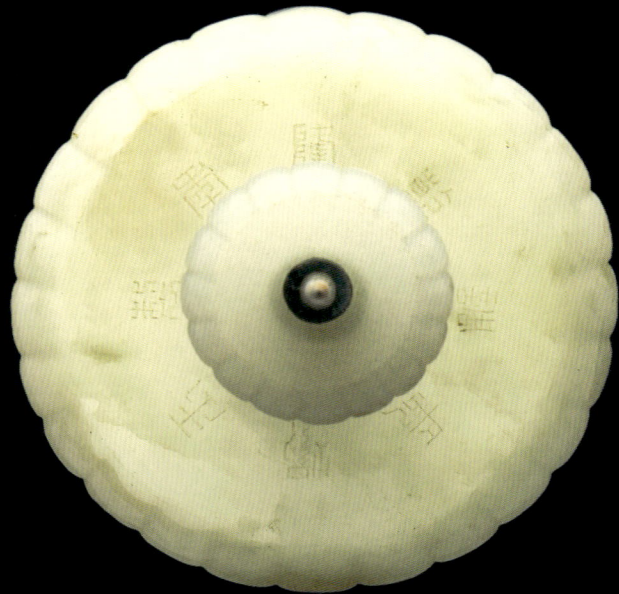

乾隆年制 玉烛长调

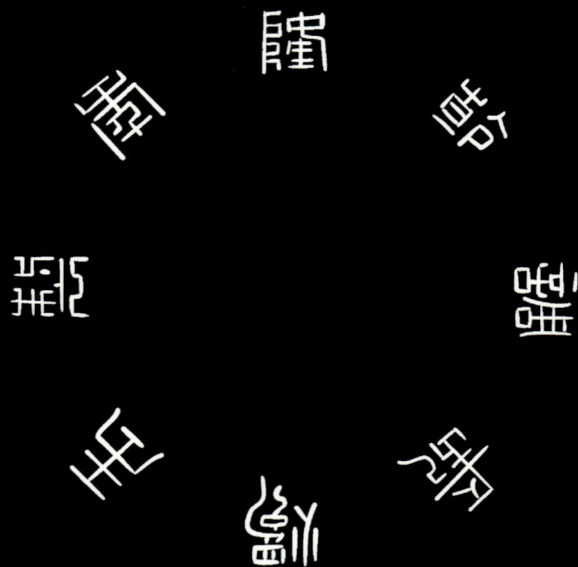

一层小承盘

二层大承盘

插口

天然图画：

深院品东坡，回廊竹径书路通

竹子秀逸挺拔，四季青翠，自古以来备受中国人喜爱。竹身有节，象征着宁折不弯的气节；竹子生长迅速，象征着壮志凌云。苏轼曾说："宁可食无肉，不可居无竹。无肉令人瘦，无竹令人俗。"

圆明园里就有一个地方生长着大片郁郁葱葱的竹林，被

朗吟阁

称作"竹子院"。院子西南角的阁楼朗吟阁，正是雍正皇帝年轻时读书的地方。朗吟阁造型秀美，屋顶由于作重檐处理，乍一看像三层一样，增加了楼阁的高度；南面有楼梯直通向外面，皇帝可以不用进院直接登楼。雍正皇帝曾写诗记录小院："深院溪流转，回廊竹径通。珊珊鸣碎玉，袅袅弄清风。"

到了乾隆时期，乾隆皇帝夸赞这里的景色之美"殆非荆关笔墨能到"，即连荆浩（五代时期的山水画家，中国山水画北派的鼻祖）和荆浩的学生关全都难以描绘出来，并将"竹子院"改名为"天然图画"。

五福堂

107

天然图画

　　庭前修篁万竿，与双桐相映。风枝露梢，绿满襟袖。西为高楼，折而南翼以重榭。远近胜概，历历奔赴，殆非荆关笔墨能到。

我闻大块有文章，岂必天然无图画。
茅茨休矣古淳风，于乐灵沼菏经载。
松栋连云俯碧澜，下有修篁戛幽籁。
双桐荟蔚蓊烟梢，朝阳疑有灵禽哕。
优游竹素夙有年，峻宇雕墙古所戒。
讵无乐地资胜赏，湖山矧可供清快。
岿然西峰列屏障，眺吟底用劳行迈。
时掇芝兰念秀英，或抚松筠怀耿介。
和风万物与同春，甘雨三农共望岁。
周阿苔篆绿蒙茸，压架花姿红琐碎。
征歌命舞非吾事，案头书史闲披对。
以永朝夕怡心神，忘筌是处羲皇界。
试问支公买山价，可曾悟得须弥芥。

蒙茸

蒙茸：葱茏丛生的草木。苏轼《后赤壁赋》："履巉岩，披蒙茸，踞虎豹，登虬龙。"

支公

支公：即晋高僧支遁，也泛指高僧。《世说新语·言语》："支公好鹤，住剡东峁山。有人遗其双鹤。少时翅长欲飞，支意惜之，乃铩其翮，鹤轩翥不复能飞，乃反顾翅，垂头，视之如有懊丧意。林曰：'既有陵霄之姿，何肯为人作耳目近玩！'养令翮成，置使飞去。"苏轼《书辩才白云堂壁》："不辞清晓叩松扉，却值支公久不归。"

天然圖畫

大块：大自然。《庄子·齐物论》："夫大块噫气，其名为风。"成玄英注疏："大块者，造物之名，亦自然之称也。"

修篁：修竹。杜牧《题张处士山庄一绝》："修篁与嘉树，偏倚半岩生。"

乐地：快乐的境地。司空图《长安赠王䜣》："乐地留高趣，权门让后生。"

峰列屏障眺吟庄用劳行邁時掇芝蘭念秀

誰無樂地資勝賞湖山剗可供清快歸杜西

靈禽嘁優游竹素凤有年峻宇雕墻古所戒

有俯篁戛幽籟傞桐薈蔚矗烟梢朝陽翳有

古淳風於樂靈沼蒞經載松棟連雲俯碧瀾下

我聞大塊有文章必天然無圖畫茅菱休矣

膝槃廳々奔赴殆非荆關筆墨能到

滿襟袖西為高樓折而南翼以重榭遠近

庭前俯篁萬竿与侭桐相映風枝露梢綠

109

雍正十二月行乐图·正月观灯

一年连双岁，每逢过年，深宫禁院中便张灯结彩，热闹非凡，穿新衣、摆宴席、赏烟花、观灯火，皇家以丰富多彩的活动来表达过年的欣喜与愉悦。皇帝会在园中举行元旦宴，届时，皇子、亲王等皇亲国戚汇聚一堂，根据年龄辈分高低排列入座。

清朝皇室也与寻常百姓家一样重视亲情，尤其重视子嗣传承。乾隆四十九年（1784 年），年过七十的乾隆皇帝听闻他的第一个玄孙呱呱落地，欣然自喜，遂将圆明园天然图画中的"五福堂"改称为"五福五代堂"，并在其中多处悬挂"五福五代堂"匾。五福堂是圆明园早期修建的景区之一，很多皇室子嗣在此诞生、成长，乾隆皇帝少时与弟弟弘昼一起在五福堂中长大，嘉庆皇帝六岁前也居住在五福堂。"五福"二字出自《周书·洪范》："五福：一曰寿，二曰富，三曰康宁，四曰攸好德，五曰考终命。"东汉桓谭在《新论》中将五福解释为"寿、富、贵、安乐、子孙众多"，正契合皇家对子孙后代的美好祝愿。五福堂内多摆放寓意吉祥的物件，廊下对联写着"春送来一门吉庆，天赐与两字平安"。

五福堂中有一棵玉兰树为圆明园修建之初所植，与乾隆皇帝同庚，陪伴其一同长大，为圆明园玉兰之祖。乾隆皇帝曾为此树作《五福堂玉兰花长歌志怀》："御园中斯最古堂，其年与我相伯仲。清晖阁松及此花，当时庭际同植种。"

盒子灯

孩子们在玩化妆游戏

皇帝与"天官赐福"
联袂登门

"五福堂"廊下对联：
春送来一门吉庆，天赐与两字平安。

戴上眼镜看

喷泉

① 众人观看木偶戏：
   《孙悟空打妖精》。

五福五代堂古稀天子宝

清乾隆
高 4.7 厘米

　　此玺取带玉皮的青玉精雕细刻，依玉石的古朴造型顺势磨去一面侧壁玉皮，显露青玉本色，于其上阴刻双方框双龙篆书"隆"字方印，而对面一侧则保留棕红色玉皮，阴刻双龙乾卦圆印。两侧款识合为"乾隆"。印面刻单框双行十字隶书"五福五代堂古稀天子宝"，印文充分体现了乾隆皇帝于古稀之年获得玄孙的喜悦，他令人遍查历朝帝王，寿过七十且得见玄孙者，唯他一人，于是诗曰："百男周室非五代，三祝尧封是一言。耄耋人多兹鲜遇，获兹惟益凛天恩。"以年过古稀且五世同堂为荣。

　　此玺为乾隆皇帝晚年常用玉玺之一，在他收集的书画作品上屡见不鲜，如著名的王羲之《快雪时晴帖》上便钤有此玺。

"五福五代堂古稀天子宝"钤本

侧面篆书"隆"字

福 福 福

玉皮

玉皮是玉料未加工前，包裹其外的
物质，颜色多样、厚薄不一。有些玉器
在雕琢时会留部分玉皮协调整体颜色。

侧面乾卦圆印

杏花春馆：

酒家何处有，牧童遥指杏花村

进入春天，杏花争先绽放。那晶莹娇嫩的杏花，每一朵都尽情渲染着春天的活力。透过粉粉白白的花簇，一片农田映入眼帘，田里已种下应季的蔬菜瓜果。农田四周，疏疏落落的农舍错落有致，还有专门用于浇水灌溉的水井。这里真的是皇家园林吗？没错，这里便是圆明园的"杏花春馆"。

"杏花春馆"始建于康熙时期，最初的名称极为朴素，叫

土地庙

"菜圃"，是一处农事景观。当时身为皇子的雍正皇帝曾为此景赋诗《园景十二咏·菜圃》，诗中写道："凿地新开圃，因川曲引泉。碧畦一雨过，青埂百蔬妍。"生动地描绘了杏花春馆里凿地开圃引泉以及春雨后菜蔬青青的清新画面。雍正时期，从杜牧《清明》中"借问酒家何处有，牧童遥指杏花村"获取灵感，"菜圃"更名为"杏花村"，依旧呈现出朴实、自然的原野村落景象，仿佛超脱于皇权之外。乾隆初期，乾隆皇帝将这里正式改称为"杏花春馆"，在四面土山环绕、矮屋疏篱错落的田园风格基础上，增建了春雨轩等建筑，使得景观兼具皇家气派。

竹篱小屋

117

霏香紅雪韻空庭肎讓寒梅占
勝餅家愛花光傳藝苑每乘月
令驗農經為渠謾説仙人館載
酒偏宜小隱亭夜半一犁春雨
足朝來吟屐樹邊停

小隱

小隐：隐居山林。王康琚《反招隐诗》：“小隐隐陵薮，大隐隐朝市。”

藝苑

艺苑：萃聚文学艺术之所。《宋书·傅亮传》：“余以暮秋之月，述职内禁，夜清务隙，游目艺苑。”

一犁春雨

一犁春雨：雨量供犁地耕种绰绰有余的春雨。元好问《宛丘叹》：“早晚林间见鸡犬，一犁春雨麦青青。”

红雪

蔬蓏識野田村落氣象
敷爛熳如霞前辟小圃雜蒔
東西參錯環植文杏春深花
由山亭逦迤而入矮屋疏籬
杏花春館

乾隆御诗

杏花春馆

由山亭逦迤而入，矮屋疏篱，东西参错。环植文杏，春深花发，烂然如霞。前辟小圃，杂莳蔬蓏，识野田村落景象。

霏香红雪韵空庭，肯让寒梅占胆瓶。
最爱花光传艺苑，每乘月令验农经。
为梁谩说仙人馆，载酒偏宜小隐亭。
夜半一犁春雨足，朝来吟屐树边停。

十二月月令图·三月

"杏花春馆"不仅是田园风光的写照，更是皇帝和皇子们体验农民生活的场所。在古代，农业乃国家命脉，儒家的"农本思想"经历长年累月的发展，深入历朝皇帝的思想。"务本足国""首治农桑"是清朝皇帝坚持的理念，为了贯彻这些理念，皇帝不仅要体恤民情，了解农田长势和农业收成，还要自幼对皇子皇孙进行农业常识教育，加深他们对以农为本的认识。每年皇家会举行犁田仪式，祈求风调雨顺，皇帝会在这片田地上亲自耕种，一方面为天下做示范，另一方面查看农业年景、了解农民疾苦。

水车

渔夫们使用罾网捕鱼

借问酒家何处有？
牧童遥指杏花村。
　　　　　——杜牧

谁知盘中餐，
粒粒皆辛苦。
　　　　　——李绅

白云生处有人家

武陵春色：

邂逅陶渊明，世外桃源话桑麻

杏花开完是桃花，圆明园里赏桃花的地方在哪儿呢，在武陵春色。

武陵春色始建于康熙末年，彼时还是皇四子的胤禛深谙权术之道，为了向康熙皇帝表明自己远离朝堂纷争，无意争夺皇位的心态，于是以陶渊明《桃花源记》里描述的世外桃源为灵感，将此地命名为"桃花坞"，并为之赋诗："溪外每闻犬吠，林间日听莺声。漫问武陵何处，且来此地移情。"

乾隆时期，"桃花坞"得到了扩建。乾隆皇帝以《桃花源记》里武陵人捕鱼偶入世外桃源的故事为灵感，将此景更名为

"武陵春色"。扩建的景色犹如画中所拟，恰似武陵渔人带领我们进入"桃花源"，一切美好风物借助渔人的感官——展现在我们眼前。

乘一叶轻舟，沿着桃花夹岸的桃花溪逆流而上，进入桃花坞。最先入画的是壶中天，圆明园内最小的一处园中之园。沿路前行，来到青石叠成高3.5米、宽3米、深8米的桃花洞。穿出桃花洞，进入桃源深处，恰似武陵渔人当年"沿溪行，忘路之远近，忽逢桃花林"的豁然开朗。眼前没有金碧辉煌的宫殿，也没有雕梁画栋的园林，而是竹篱矮墙的民居和把酒话桑麻的寻常人家。民居四周有山川回环，山林间种植了上万株桃树，春风一吹，桃花从睡梦中苏醒，白色的轻如烟霭，粉色的灿若云霞。据记载，桃源深处的乐善堂，是乾隆皇帝做皇子时读书的地方。后来，他曾在《御园暮春即事》中写道："山桃正放树梢红，洞口源头宛转通"，记录了桃花洞一带景象。

武陵春色，山水相依，水道蜿蜒为界，山脉环抱成势，天地灵秀凝于一隅。可以说，这里不仅是乾坤精华之所，更契合了中国人崇尚的水绕聚气、山环藏风、山环水抱、气运自生的风水至理。

桃源深处

乐善堂

桃花洞

壶中天

複岫迴環一水通春深片～

貼波紅鈔鑤溪不離繇囿只

在輕烟潋霭中

雪烘霞莫可名状

潋霭 一水 春深 繇囿

淡霭：轻烟薄雾。陆游《初夏》："淡霭轻飔入夏初，一窗新绿鸟相呼。"

一水：一清流。苏颂《灵香阁记》："及登高而望，则群峰回环，一水萦带，烟云暗霭，朝暮异状，不离指顾，而万景在目。"

春深：春意浓郁。白居易《晚桃花》："春深欲落谁怜惜，白侍郎来折一枝。"

繁囿：繁茂的园囿。谢混《游西池》："惠风荡繁囿，白云屯曾阿。"

武陵春色

循溪流而北複谷環抱

山桃萬株參錯林麓間

落英繽紛浮出水面或

朝曦夕陽光炫綺樹酣

乾隆御诗

武陵春色

循溪流而北，复谷环抱。山桃万株，参错林麓间。落英缤纷，浮出水面，或朝曦夕阳，光炫绮树，酣雪烘霞，莫可名状。

复岫回环一水通，春深片片贴波红。钞锣溪不离繁囿，只在轻烟淡霭中。

清王炳仿赵伯驹桃源图

桃源，也称为"桃花源"，是东晋著名诗人陶渊明在《桃花源记》中构建的一个"乌托邦"。桃源之中，无繁刑重赋，无奴役剥削，无兵荒马乱，人与自然和谐共处，其乐融融。这样一个与世无争的极乐之地，成了一代又一代人心中的向往，也成了人们口中、笔下的创作题材。

从唐朝开始，桃源就是屡见不鲜的绘画题材，有众多作品流芳后世。唐朝文学家韩愈曾作《桃源图》一诗说道："神仙有无何渺茫，桃源之说诚荒唐。流水盘回山百转，生绡数幅垂中堂。武陵太守好事者，题封远寄南宫下。南宫先生忻得之，波涛入笔驱文辞。文工画妙各臻极，异境恍惚移于斯。"可见

桃源题材在当时之盛行。李昭道、李唐、赵伯驹、刘松年、赵孟頫、钱选、王蒙、沈周、文徵明、唐寅、仇英、王翚等名家均绘有以桃源为主题的画作，或以长卷的形式描绘陶渊明笔下渔人误入桃花源的情景，或以扇面的形式勾勒出对世外桃源般隐逸生活的向往。

清宫收藏的以桃源为题材的历代绘画佳品中，最受乾隆皇帝钟爱的是宋朝赵伯驹绘制的《桃源图》和明朝仇英款《桃花源图》。乾隆皇帝不仅欣赏前人的作品，还命宫廷画家王炳临摹前人的作品，在临摹的过程中将乾隆皇帝本人的形象绘入其中，可见乾隆皇帝对桃源的痴迷和喜爱。

林尽水源，便得一山，山有小口，仿佛若有光。便舍船，从口入。

便要还家，设酒杀鸡作食。

见渔人，乃大惊，问所从来。具答之。

细看此处渔人的脸，正是乾隆皇帝。

复行数十步，豁然开朗。土地平旷，屋舍俨然，有良田、美池、桑竹之属。阡陌交通，鸡犬相闻。

乾隆皇帝御容

郎世宁《乾隆皇帝大阅图》

此处挂杖的黄衣隐士正是《桃花源记》中提及的南阳刘子骥。不同于循洞而入的武陵渔人，刘子骥困在高山流水中，来往徘徊，仍找不到进入桃花源的路，只能"未果，寻病终。后遂无问津者"。

细看屋里，有几人正在高谈阔论，席上摆着杯盘，显然是一副酒酣耳热的情形，正像《桃花源记》里写的那样"问今是何世，乃不知有汉，无论魏晋。此人一一为具言所闻，皆叹惋"。左侧着白衣背对画面的，正是之前看到的乾隆皇帝客串的渔人。

村中闻有此人，咸来问讯。

余人各复延至其家，皆出酒食。

雍正十二月行乐图·三月踏青

　　在那桃花盛开的时候，正值春天。《尚书大传》卷一写道："春，出也，万物之出也。"春风拂过，万物复苏，花红柳绿，正是踏青的好时节。踏青是为了庆祝春天到来而进行的活动，因此也被称为"踏春"。正如白居易《春游》中所写："逢春不游乐，但恐是痴人"，此时的圆明园中另有一番"春风得意马蹄疾"的景象。人们纷纷走到室外，于郊外山水之间踏青赏玩，或追逐前行，或骑马流连，呼朋引伴，风光绝妙，令人心驰神往。也有女子在园内的一角立于高架秋千之上，随着秋千起伏摆荡，衣袂飘飘，仿佛欲乘风归去，周围众多女子驻足观看，兴味盎然，言笑晏晏，春意融融。

花朝节

又名"花神节""百花生日"，是一个几乎已经消失的传统节日。节期为农历的二月初二、二月十二或者二月十五，是古代非常重要的节日。在这一天，正值春暖花开，百姓们相约出门祭拜花神，赏花踏青，文人们举行诗会雅集，好不热闹。随着时代的变迁，花朝节在清末以后就渐渐退出了历史的舞台，不再为世人所知。在清朝皇家园林圆明园里就有一座专门为祭祀花神所建的寺庙，每到花朝节，皇帝会亲自或命人祭祀花神，乾隆皇帝和嘉庆皇帝还写下了数篇诗文抒发情感。

雍正观鱼

仿哥釉莲瓣纹长颈瓶，釉色雅净，造型简单内敛。

手不释卷

儒家文化的影响下，"修身、齐家、治国、平天下"是古代士人的人生追求，欲实现这一理想，需走读书入仕之路，即"学而优则仕"。正如汪洙诗中所说："少小须勤学，文章可立身。满朝朱紫贵，尽是读书人。"

桃李玉兔

兔子因温顺可爱，繁衍力强，又与月宫、不死神药联系在一起，故而被古人视为祥瑞之物，广受赞誉和尊崇，甚至以兔喻德。东晋葛洪在《抱朴子》中说："虎及鹿、兔皆寿千岁，满五百岁者，其毛色白，能寿五百岁者，则能变化。"

坐石临流：

神交王羲之，曲水流觞叙兰亭

"此地有崇山峻岭，茂林修竹，又有清流激湍，映带左右，引以为流觞曲水，列坐其次。""曲水流觞"这种文人间雅集的方式起源于春秋，在小溪两旁，放酒杯顺水漂泊，流到谁的面前停住，谁就取杯饮酒，即兴作诗。酒杯在古代被称为"觞"，因此雅称这种游戏为"曲水流觞"。

遥想东晋永和九年（353年）的春天，天朗气清，惠风和畅，时任会稽内史的王羲之邀约谢安等多名文人雅士和家族子

弟相聚于山阴(今浙江绍兴)的兰亭,他们一边承袭古老习俗,去水边祭拜、洗涤、消除不祥;一边仿照前朝文人的聚会仪式,曲水流觞、饮酒赋诗。一番觥筹交错后,王羲之乘着酒兴,醉中挥毫,把大家的诗当场书写下来并作了序,成就了后来的"天下第一行书"《兰亭序》,王羲之也因此神作被奉为"书圣"。

雍正皇帝对这种名士风度极为喜爱,下令在圆明园的山涧中也建了一座西向三开间的重檐敞亭,取名"流杯亭",俗称"兰亭"。乾隆皇帝继位后,在兰亭内挂上了自己书写的"坐石临流"匾额,此景也因此更名为"坐石临流"。蜿蜒的溪流穿亭而过,亭旁翠竹点点,和《兰亭序》中描述的情形如出一辙。据说每年三月初三上巳节,乾隆皇帝都会来这里饮酒赋诗,与千年前的王羲之神交,来一场跨越千年的曲水流觞。

舍卫城(佛教建筑)

139

168

亭攬勝泠然山水清音

東為同樂園

白石清泉帶碧蘿曲流貼。

泛金荷年。上巳尋歡霎便

是當時晉永和

金荷：金色的荷叶。范成大《次韵即席》："留连银烛照金荷，肠断华年一掷梭。"也用来指烛台上承烛泪的器皿，或代指烛。

年年：每年。刘宪《上巳日祓禊渭滨应制》："此时御跸来游处，愿奉年年祓禊觞。"

晋永和：此处代指永和九年王羲之参与的兰亭雅集。王羲之《兰亭集序》："永和九年，岁在癸丑，暮春之初，会于会稽山阴之兰亭，修禊事也。"

清泉：清澈的泉水。王维《山居秋暝》："明月松间照，清泉石上流。"

坐石临流

乾隆御诗

坐石临流

仄涧中潨泉奔汇，奇石峭列，为坻为碕，为屿为奥。激波分注，瀯瀯鸣濑。可以漱齿，可以泛觞。作亭据胜，泠然山水清音。东为同乐园。

白石清泉带碧萝，曲流贴贴泛金荷。年年上巳寻欢处，便是当时晋永和。

仄涧中潨泉奔汇奇石

峭列为坻为碕为屿为

奥激波分注瀯瀯鸣濑

可以漱齿可以泛觞作

十二月月令图·三月

古人以"干支"纪日，农历三月上旬的第一个巳日，谓之"上巳"。"上巳"一词最早见于汉初的文献中，《周礼》郑玄注："岁时祓除，如今三月上巳，如水上之类。"魏晋以后，上巳节的节期改为农历三月初三，故又称"重三"或"三月三"。

古人常在上巳节进行"祓除畔浴"活动，到水滨洗濯，除凶去垢，谓之"祓禊"。及至魏晋时期，上巳节渐渐成为王公贵族、公卿大臣、文人雅士临水宴饮的节日，由此派生出新的上巳习俗——禊饮，即曲水流觞。到了唐朝，上巳节已成为当时最隆重的节日之一，是时，男女老少盛装而出，沿江畔宴饮、郊游。杜甫在《丽人行》中也描写了其时盛景："三月三日天气新，长安水边多丽人。"

图中由溪水分隔画面左右，区分疏密关系，山石的皴法之密与溪岸平坦之疏形成了对照。蜿蜒而下的清流曲折，将观众的视野引至"S"形溪岸之上，凸显了画面中心，辅以清流其上的点点酒器，构思巧妙。

在古代，红色服饰通常被用于表示高贵的身份和地位，以及在重要节日和喜庆场合，如婚礼、新年等穿戴，代表着祝福和吉祥。蓝色则是一种更为朴素的色调，通常是读书人的穿着。

兰亭修禊图

东晋永和九年（353 年）的兰亭修禊深刻影响了中国的文学、书法、绘画，此后，不管是上巳节还是"兰亭"这个名称，在文人墨客心中的意义都不同于前，成了雅士风流的代名词。从唐朝起，无数骚人逸客将心中的兰亭修禊挥洒于笔墨之间，或画或书或诗，工匠也将这种风流刻在器物之上，渲染寓意。一代一代的传承，形成了独特的兰亭文化。

文徵明创作的《兰亭修禊图》就取材于兰亭，采用了小青绿画法，略施色彩，取一角无顶之山，一段无源之水，绘八位文人坐于曲水边，形态各异，或沉思，或交谈，或隔岸相对，恬静悠然，水榭中另有三人，聚于一桌，似在评判写好的诗文，一派于茂林修竹之侧的洒脱随性，尽显文人的雅致。

状似王羲之等三人围坐于水
榭之中，一人手持《兰亭序》正
诵读与余下二人品评，其二人神
色恬淡，视线交错，侧耳倾听。

兰亭八柱帖

至清乾隆时期，对兰亭的推崇到达了高峰。乾隆皇帝对《兰亭序》青睐有加，命人搜罗历代与之相关的临本、摹本、拓本，于乾隆四十四年（1779年），下诏将历代名家所书《兰亭帖》墨迹及他的御笔汇为《兰亭八柱帖》，同时，他还命人将圆明园中的"坐石临流亭"改建为八方重檐亭。亭内八方各有石柱矗立，每根石柱上刻有一册《兰亭八柱帖》，亭中一座巨大的石屏竖立，阳面刻有王羲之等人曲水流觞图景，阴面则刻有御制《坐石临流》《再题兰亭八柱册叠旧作韵》《题兰亭八柱再叠旧作韵》三诗。

虞世南摹《兰亭序》局部

蘭亭八柱帖 第一冊

虞世南摹蘭亭序

永和九年歲在癸丑暮春之初會

于會稽山陰之蘭亭脩稧事

也羣賢畢至少長咸集此地

有崇山峻領茂林脩竹又有清流激

卷前题"褚遂良摹兰亭序",卷中有米芾题诗,
故亦称"米芾诗题本",以临写为主,辅以勾描。

于會稽山陰之蘭亭脩禊事

永和九年歲在癸丑暮春之初會

褚遂良摹蘭亭序

蘭亭八柱帖 第二冊

于會稽山陰之蘭亭脩禊事

永和九年歲在癸丑暮春之初

褚遂良摹《兰亭序》局部

冯承素摹《兰亭序》局部

唐中宗年号"神龙"半玺之印
因此又称为《神龙本兰亭序》，以区别于其他唐摹本。

宋徽宗 双龙印

"宣和"连珠印

"岁""群"等字有破锋，俗称开权。

蘭亭八柱帖 第三冊

馮承素摹蘭亭序

蘭亭八柱帖 第四冊

柳公權書蘭亭詩墨蹟

四言詩三義之為序之行

王獻之重言詩并序

柳公权书《兰亭诗》并孙绰《后序》局部

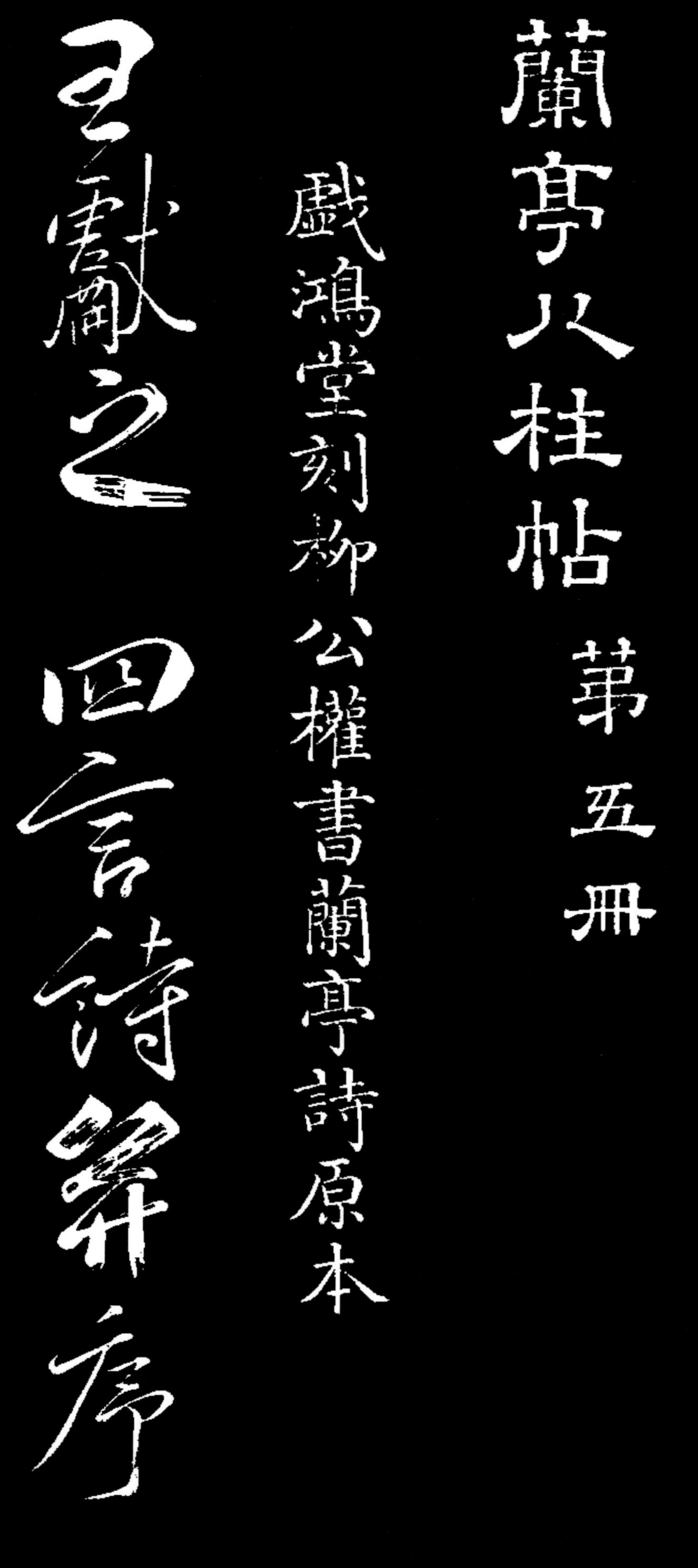
蘭亭八柱帖 第五冊
戲鴻堂刻柳公權書蘭亭詩原本
王獻之四言詩并序

戏鸿堂刻柳公权书《兰亭诗》局部

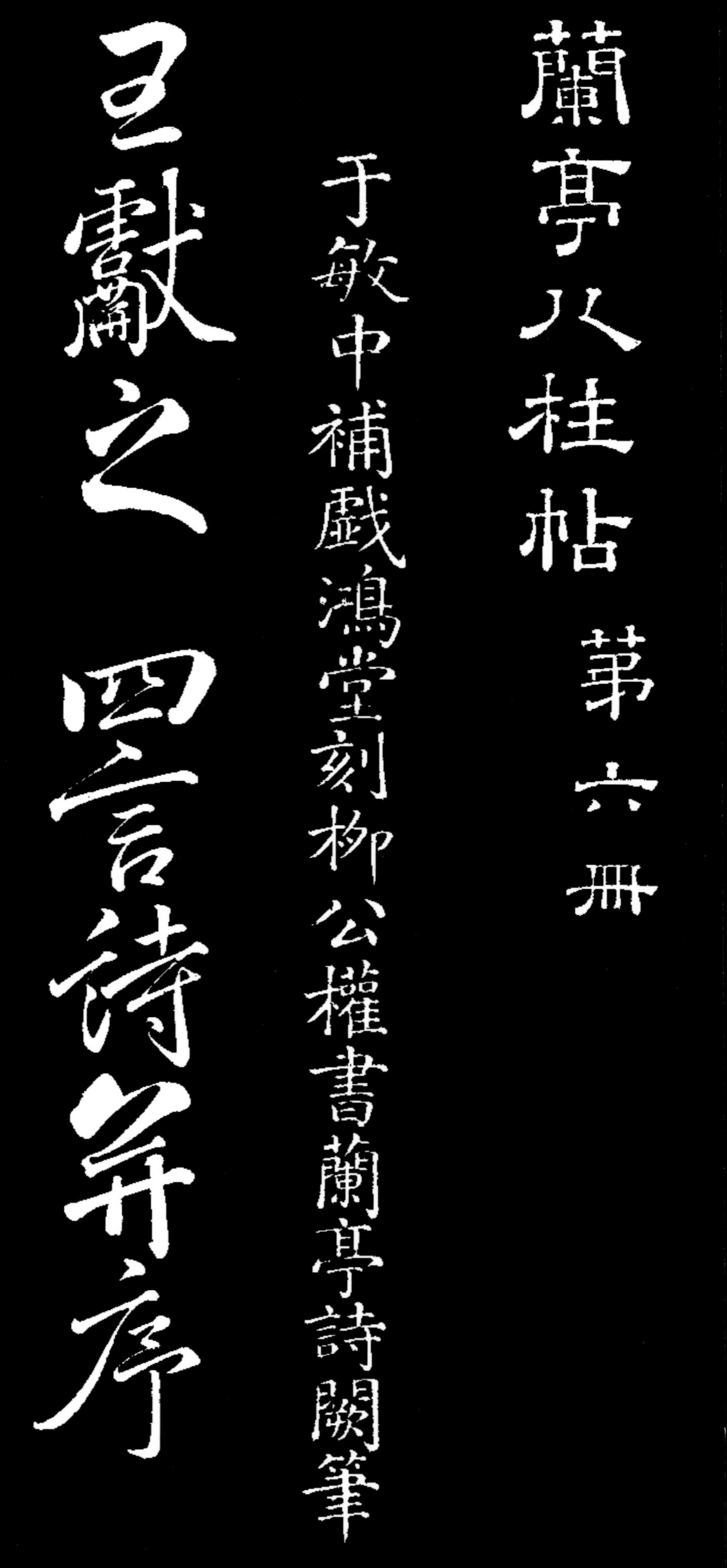
蘭亭八柱帖 第六冊
于敏中補戲鴻堂刻柳公權書蘭亭詩闕筆
王獻之四言詩并序

于敏中补戏鸿堂刻柳公权书《兰亭诗》局部

蘭亭八柱帖　第八冊

御臨董其昌倣柳公權書蘭亭詩

四言詩王羲之為序、

蘭亭八柱帖　第七冊

董其昌仿柳公權書蘭亭詩

王獻之四言詩并序

151

青玉兰亭修禊山子

清乾隆

高 11.6 厘米 宽 31.5 厘米 厚 7.8 厘米。

　　此山子以兰亭修禊为题材雕琢。青玉整体雕刻为水绕山谷状，中有三棵挺立的松树，松树下有一小亭，亭中有一老者，正两手搭在栏上远眺。亭旁有数竿修竹，竹下有一童子，正在为煮茶的炉子扇风。亭侧有一人抚琴，四周之人或聆听，或伴奏，其乐融融。旁有一小童趴在水边，拨弄水中漂来的似杯盏之物。

玉山子

　　古人书房中常见的陈设摆件，如立体的景观一般，常以山水、草木、花卉、亭台、楼阁、人物等图案为雕刻内容。清乾隆年间，玉料丰富，出现了很多大型玉山子雕刻，多出自扬州琢制名家之手，图案题材更为丰富，将人物故事、文人聚会、仙人悠游等场景融入设计中，精雕细刻，反复琢磨，极具艺术价值。

背面刻有乾隆皇帝题写《兰亭序》全篇，
体现出乾隆皇帝对兰亭文化的热爱与推崇。

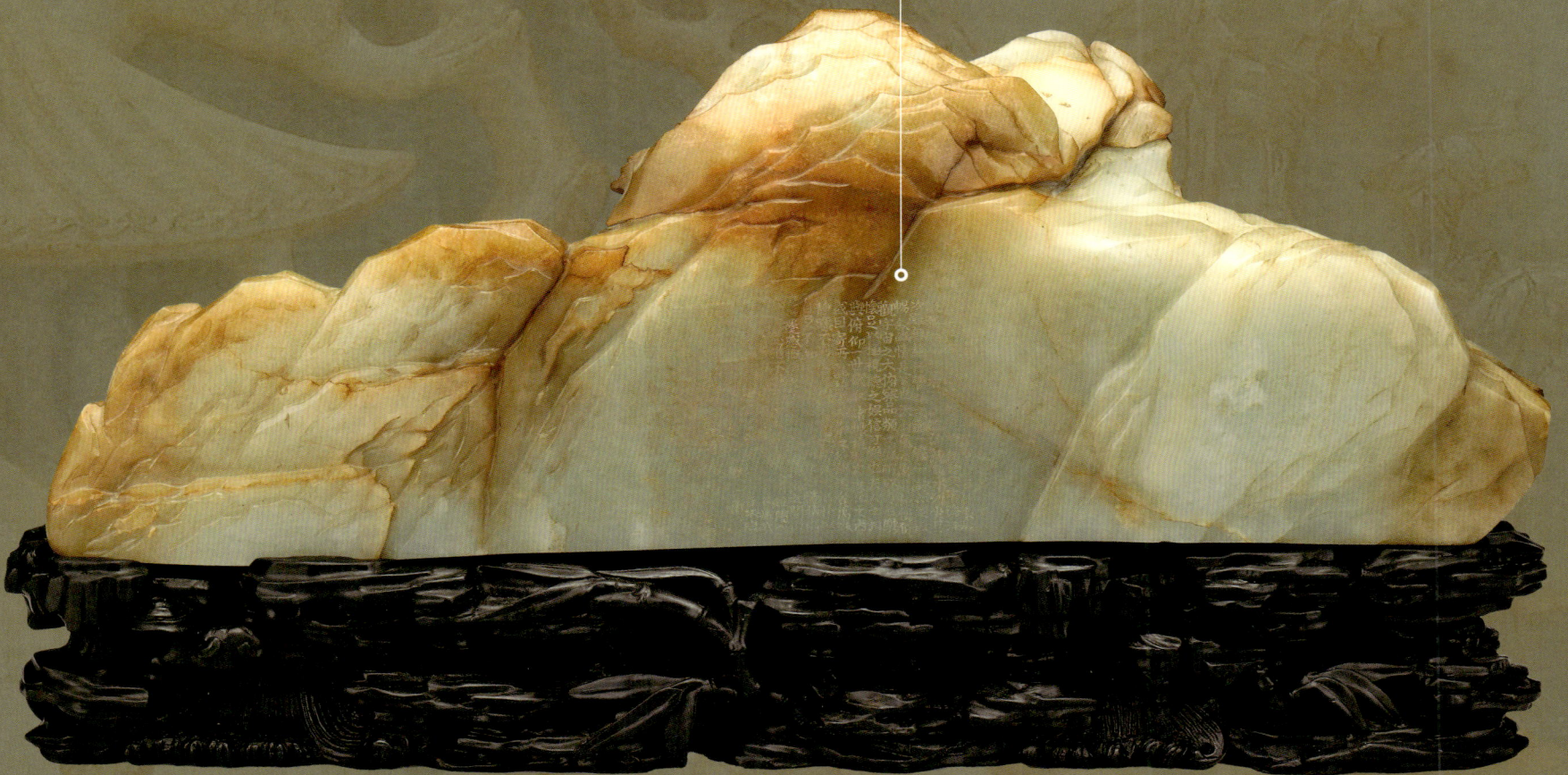

兰亭

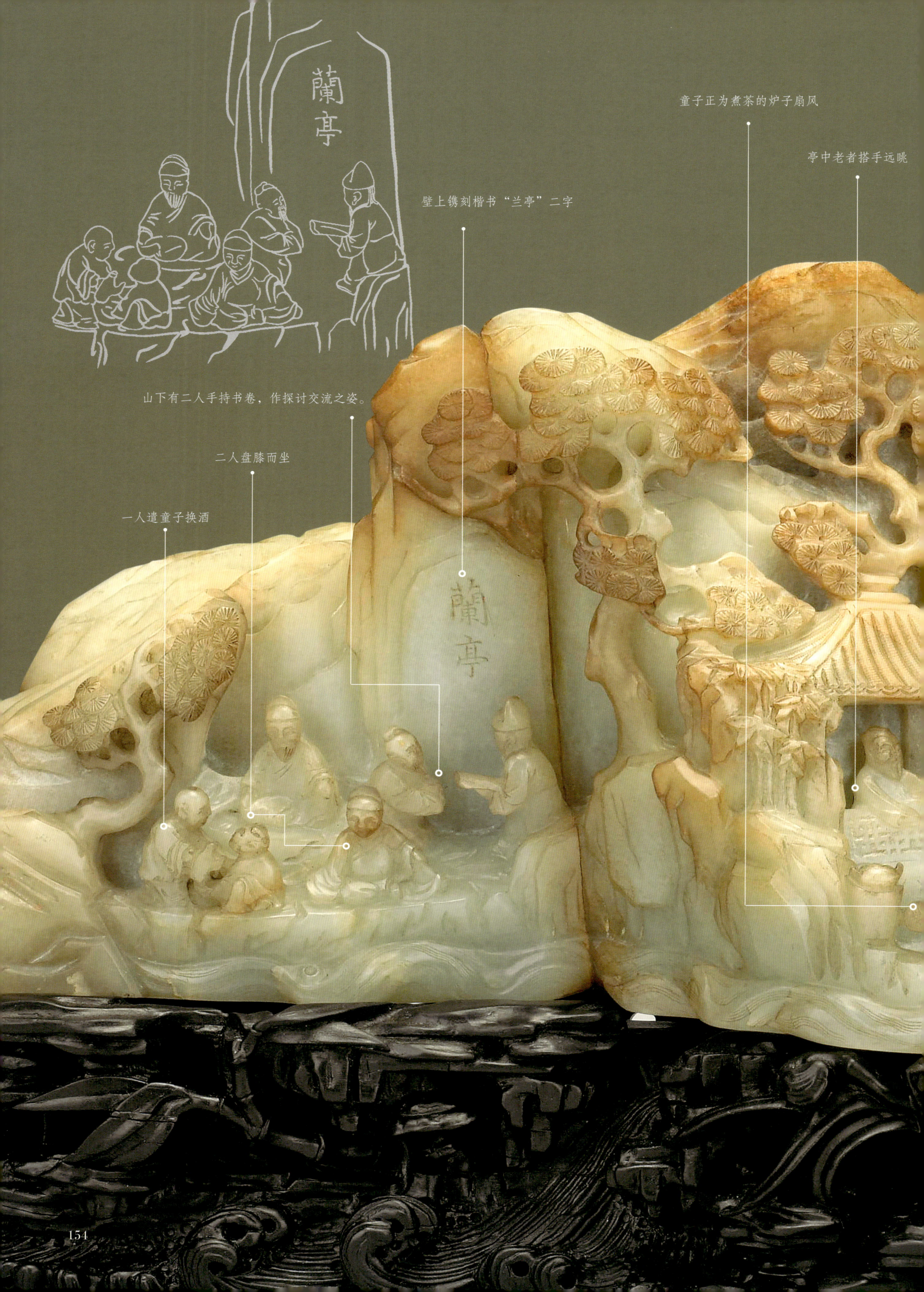

童子正为煮茶的炉子扇风

亭中老者搭手远眺

壁上镌刻楷书"兰亭"二字

山下有二人手持书卷，作探讨交流之姿。

二人盘膝而坐

一人遣童子换酒

蘭亭

一人似在山石上题咏

小童趴在水边拨弄水中之物

童子持砚随侍

镂月开云：

齐聚康雍乾，牡丹花前盛世开

"犹忆垂髫日，承恩此最初。"这里曾是康、雍、乾三朝天子汇聚一堂的地方，主体建筑为纪恩堂，大殿以楠木为材，屋顶装饰着金碧二色琉璃瓦，殿前则是遍地牡丹。

康熙年间，这里因牡丹而闻名，因此得名"牡丹台"。康熙六十一年（1722年）的春天，细雨蒙蒙中，康熙皇帝来到"牡丹台"赏牡丹，当时还是皇四子的胤禛带来了儿子弘历。那时弘历已经十二岁了，却是第一次见到祖父。按照当时的皇家规矩，皇子成人后就要搬出皇宫居住，没有圣旨

传召不能随意进宫。而康熙皇帝儿孙众多，没见过弘历也不奇怪。康熙皇帝见到聪慧过人的小皇孙十分喜爱，将弘历带回宫中培养，夏天去承德避暑山庄时也要带上他，方便朝夕教诲。

雍正四年（1726 年），雍正皇帝在牡丹台御题匾额，上面写着"序天伦之乐事"，纪念祖孙三代曾在此共享天伦之乐。乾隆九年（1744 年），为感怀祖父康熙皇帝的教养之恩，乾隆皇帝以唐朝李义府的诗词《堂堂词》里"镂月成歌扇，裁云作舞衣"为灵感，将"牡丹台"更名为"镂月开云"，不仅借此比喻金碧楼台的建造工艺非常精巧，更是用镂刻月光、绽开云彩的诗意形容祖父对自己的启蒙与影响。乾隆皇帝在"镂月开云"专门题写匾额"纪恩堂"，并撰写《纪恩堂记》，"惟时皇考奉皇祖观花燕喜之次，以予名奏闻，遂蒙眷顾，育之禁廷，日侍慈颜，而承教训"表达对祖父康熙皇帝的感恩之情以及对这段经历的铭记。

惟應對雨餘值牡丹四月始盛兩京師率
指己七年而花時朕幸圓明園屈
宴賞者祇一次耳殿春饒富貴陸地有
芙蕖名漏芟刪孔詞雄想賦舒徘徊供
嘯詠俯仰驗居諸猶憶垂髫日詠恩
此家初請皇祖幸是園於此地降
侍百許孫臣扈左右云

芙蕖

芙蕖：荷花的别称。《尔雅·释草》："荷，芙渠。其茎茄，其叶蕸，其本蔤，其华菡萏，其实莲，其根藕，其中的，的中薏。"

嘯詠

啸咏：歌咏。《晋书·列传第十九》："正应端拱啸咏，以乐当年耳。"

孔

孔：此处指代孔子。

詞雄

词雄：词杰。沈佺期《酬杨给事中廉见赠台中》："子云推辨博，公理擅词雄。"

富貴

富贵：此处代指牡丹。周敦颐《爱莲说》："牡丹，花之富贵者也。"

绮疏：雕刻成空心花纹的窗户。《后汉书·梁统列传》："柱壁雕镂，加以铜漆，窗牖皆有绮疏青琐，图以云气仙灵。"

鏤月開雲

殿以香楠為材覆二色瓦煥若金

碧前植牡丹數百本後列古松青

青環以雜蘤名葩當暮春婉婉首

夏清和最宜嘯詠

雲霞罨綺疏檀麝散琳除家可娛幾暇

乾隆御诗

镂月开云

殿以香楠为材，覆二色瓦，焕若金碧。前植牡丹数百本，后列古松青青，环以杂蘤名葩。当暮春婉婉，首夏清和，最宜啸咏。

云霞罨绮疏，檀麝散琳除。
最可娱几暇，惟应对雨余。
殿春饶富贵，陆地有芙蕖。
名漏疑删孔，词雄想赋舒。
徘徊供啸咏，俯仰验居诸。
犹忆垂髫日，承恩此最初。

十二月禁御图·姑洗昌辰

宫廷画家余省以圆明园中的"镂月开云"为对象，创作了《十二月禁御图·姑洗昌辰》。画面中，开阔的平地上面阔三间、覆盖金碧两色琉璃瓦的歇山顶建筑便是纪恩堂。纪恩堂前繁花似锦，色彩斑斓，形成一片绚丽的花海，再现了

臣余省恭画

牡丹盛放的景致。纪恩堂内的木柱采用天然香楠木，不施油漆，彰显高贵的气质。堂后叠石为山、种植着形态各异的古松、四季常青，与前面的花卉相互映衬，形成了一幅优美的自然画卷，更为景点增添了一份古朴与宁静。

往北走，便是面阔五间、抱厦三间的正殿"御兰芬"。如今镂月开云遗址的建筑已荡然无存，只有几株百年牡丹在风雨中摇曳，诉说着曾经的辉煌。

乾隆梵文青花高足碗

清乾隆
广口，高足。
高 13.2 厘米，口径 14.8 厘米。

　　该碗残片出土于圆明园，后经修复。为广口高足，内外皆以青花为饰，碗内绘宝相花一朵，外壁绘缠枝莲纹托梵文，足上绘如意璎珞纹，足内沿书"大清乾隆年制"六字篆书款。此碗造型别致，是清朝官窑瓷器传统品种。（由圆明园管理处提供）

广口高足

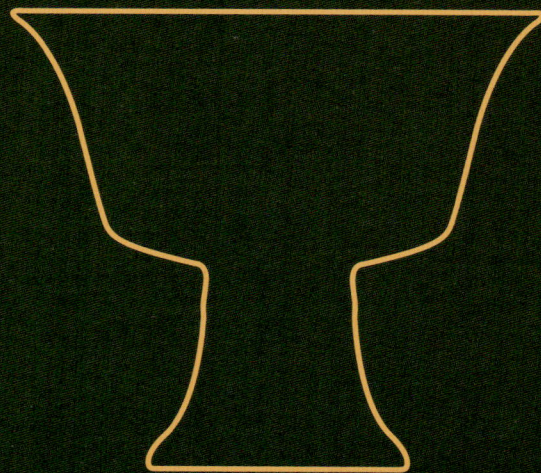

大清乾隆年制

廓然大公：

深柳读书堂，君子物来而顺应

在园内福海西北岸，静静地坐落着一处相对隐蔽的园中园。

康熙年间，此处初名深柳读书堂。那时，它是皇四子胤禛的书斋之一。四周柳树成荫、微风拂过，柳枝摇曳。深柳读书堂内，书籍满架，墨香四溢。胤禛在此潜心研读，韬

光养晦。雍正四年（1726 年），这里进行了较大规模的增建，之后更名为"双鹤斋"。亭台楼阁错落有致，花园小径蜿蜒曲折，这里成了雍正皇帝喜爱的消夏避暑之地。

乾隆四年（1739 年），此处正式更名为"廓然大公"。其名取自程颢的《答横渠先生定性书》中的"故君子之学莫若廓然而大公，物来而顺应"。"廓然"即开阔的样子，"大公"即无私的意思。"廓然大公"这个名字，表达的正是乾隆皇帝对大公无私圣人情怀的向往。乾隆皇帝希望自己能够像圣人一样，拥有开阔的胸怀和无私的品质，以治理国家，造福百姓。

叠石假山上的亭子

隐蔽的园中园——采芳洲书屋

叠石假山上的亭子

大公

大公：公正无私。周辉《清波杂志》："徽宗尝对辅臣语及元佑、绍圣事，皆欲以大公至正之道，扶偏救弊。"

程夫子 乐只

程夫子：此处指程颢。

乐只：快乐，和美。《诗·小雅·南山有台》："乐只君子，邦家之基。乐只君子，万寿无期。"

有山不讓土故得高巋之有

河不擇流故得寬渺之是之

謂大公而我以名此偶值清晏

閒憑眺誠樂只識得聖人心閒

諸程夫子樂只

真足開豁襟顏
長夏高啟北窗水香拂拂、
相呼後鑿曲池有蒲菡萏
平岡迴合山禽渚鳥遠近
廓然大公

廓然大公

平冈回合，山禽渚鸟远近相呼。后凿曲池，有蒲菡萏。长夏高启北窗，水香拂拂，真足开豁襟颜。

有山不让土，故得高巍巍。
有河不择流，故得宽淢淢。
是之谓大公，而我以名此。
偶值清晏间，凭眺诚乐只。
识得圣人心，闻诸程夫子。

廊然大公八景诗图册

　　据记载，乾隆十九年（1754年），乾隆皇帝自南巡归来后，便对"廊然大公"展开了大规模地改建。此次改建以江苏无锡的寄畅园为蓝本，最终形成了独具特色的廊然大公八景。

　　廊然大公八景中，最具特色的当属规月桥。因桥洞呈半圆形，桥自身与水中倒影融为一体正好构成一轮满月，故名"规月桥"。乾隆皇帝十分喜欢此桥，也经常乘船经此处进入"廊然大公"，并留下了很多关于规月桥的御制诗，其中

披云径
奇石嵁岈迴互径
出其中烟云注
朱披拂襟袖
绿云幾翠径蒙行
面深奇步殊倩
淂仇英寫生笔宅
須为作採芝图
臣汪由敦敬书

规月桥
循陂鹤斋而西
跨湖为桥圆如半
壁暎水则为满
月缀长廊做护
濠濮间想
拖如玉带曲如钩上
置行廊又似舟仙
衔何須倩法善注本
常作广寒遊
臣汪由敦敬书

披云径

规月桥

启秀亭
山巅笠亭孤標
秀出左顾飞瀑
右把云林畫淂
此间膝緊
詭石蓁松扶翼荘氣
氲朝暮匀云烟林
光泉韻豈非秀都
付山亭秀占全
御製廊然大公八景诗 臣汪由敦敬书

绮吟堂
机政之餘拈吟适
興每遇佳景不覺
绮思潛发
逢原左右是深资遁
興無非把笔時设
使古人癖诚有吟之
一字我何辭
臣汪由敦敬书

启秀亭

绮吟堂

有一首这样写道："拖如玉带曲如钩，上置行廊又似舟。仙术何须倩法善，往来常作广寒游。"赞美往来此处如同在月宫中畅游一般。如今圆明园的廓然大公八景几乎已无实物留存。不过，在《廓然大公八景诗图册》及相关历史文献等资料中，还能了解到廓然大公八景曾经的风貌。

规月桥

循𩅧鹤斋而西
跨湖为桥圆如半
壁暎水则为满
月绕长廊悠然
濠濮间想
拖如玉带曲如钩
置行廊又似舟仙
衔何须倩法善注来
常作广寒遊

臣汪由敦敬书

上下天光：

致敬范仲淹，庙堂之高忧其民

"至若春和景明，波澜不惊，上下天光，一碧万顷。"
这是范仲淹《岳阳楼记》中的名句，也是圆明园后湖西北角
一处景色名称的出处，其景名为"上下天光"。

湖面上临水而建的两层楼便是"上下天光"的主体建筑

涵月楼，本着"近水楼台先得月"的原则，涵月楼的平台有一半伸出岸边，与水面极为亲近。想象一下，每当十五月圆的时候，天上、水中各有一轮圆月交相辉映，真所谓上下天光、水天一色，因此这里也成了圆明园最佳的赏月地点。

涵月楼两边各延伸出一座九曲桥，以"之"字形的走势一直连到岸边。走在九曲桥上，宛如凌波微步，飘飘欲仙。在此处登楼远眺，犹如登岳阳楼一般让人心旷神怡、流连忘返，寄托着君王对范仲淹"先天下之忧而忧，后天下之乐而乐"高尚情操的敬意。

涵月楼：近水先得月

九曲桥：凌波飘欲仙

昔年 河伯 水天

昔年：往昔，从前。孟浩然《与黄侍御北津泛舟》："岂伊今日幸，曾是昔年游。"杜甫《寄李十二白二十韵》："昔年有狂客，号尔谪仙人。笔落惊风雨，诗成泣鬼神。"

河伯：传说中的河神。《庄子·秋水》："秋水时至，百川灌河，泾流之大，两涘渚崖之间，不辩牛马。于是焉河伯欣然自喜，以天下之美为尽在己。"

水天：水和天，水天交接处。白居易《宿湖中》："水天向晚碧沉沉，树影霞光重叠深。"

上下水天一色水天上下相
连河伯凤朝玉阙浑忘望若
昔年

乾隆御诗

上下天光

垂虹驾湖，蜿蜒百尺。修栏夹翼，中为广亭。縠纹倒影，滉漾楣槛间。凌空俯瞰，一碧万顷，不啻胸吞云梦。

上下水天一色，水天上下相连。
河伯凤朝玉阙，浑忘望若昔年。

上下：高处与低处，上面和下面。《孟子·告子上》："孟子曰：水信无分于东西，无分于上下乎？"柳贯《奉皇姑鲁国长公主教题所藏巨然江山行舟图》："秋光满帆腹，上下天一影。"

上下天光

垂虹駕湖蜿蜒百尺傴

欄夾翼中爲廣亭縠紋

倒影混瀁楯檻間凌空

俯瞰一碧萬頃不營胸

吞雲夢

童子为主人撑伞，在雨中出行。

十二月月令图·四月

"春雨惊春清谷天"，在这充满诗意的节气更替之际，丝丝细雨如牛毛般飘落。远处，云气缭绕，采桑娘提篮结伴，在田间为蚕儿们准备着食物，充满了生活的气息。近处，玉兰花开得正盛，花瓣层层叠叠，细腻如羊脂白玉，散发着淡雅的芬芳。男男女女身着华服，飘拂往来，仿佛吟诵着玉兰之美："净若清荷尘不染，色如白云美若仙。"

沿山路行走的一众女子没带伞，只能匆匆扬起衣袖、举起竹篮遮挡突如其来的细雨。

男女老少聚集在檐下，或交谈，或赏玉兰，别有一番生活意趣。

方壶胜境：

神游至东海，仙山楼阁步步高

据《列子·汤问》记载，传说东海有五座仙山，后来飘去两座，剩下方壶（方丈）、瀛洲、蓬莱三山。圆明园福海东北角的一组气势恢宏的建筑群便是以这三座仙山为灵感建成，名叫"方壶胜境"。

"方壶胜境"前后三组宫殿前低后高，便是人们想象中步步高升的仙山楼阁。三组宫殿逐级升高，各种颜色的琉

仿杭州西湖胜景"三潭印月"，
象征传说中的方壶（方丈）、
瀛洲、蓬莱三座仙山

璃瓦屋顶配上红色的柱子、汉白玉的台基，鲜艳夺目，富丽堂皇。再加上水中的倒影，上下相映成为两个金碧辉煌的神话世界。游人至此，会不由得惊呼，以为误入了天上宫阙。这里也被公认为圆明园最宏伟的建筑群。

"方壶胜境"中处处可见中国园林建筑中的吉祥符号。在方壶胜境以西，有一组仿西湖胜景而建的"三潭印月"，象征传说中的方壶（方丈）、瀛洲、蓬莱三座仙山。三座重檐大殿排列呈"山"字形，形成了独特的空间层次和视觉焦点，象征着江山永固。殿前的玉兰花，对称盛开，寓意好事成双。房子周围围绕着松树和仙鹤，寓意松鹤延年。

如同一个倒"山"字的宫殿群

鹤谐声"和"

鹿谐声"禄"

堂比不懸
只靈談爭如茅土仙人宅十二金
有三魯匠營心非美事齊人搤拏
桑高岡翢羽鳴應六曲渚寒蟾印
飛觀圖雲鏡水涵鑒空松栢與天

与天参：高高耸立，直入天空。孔平仲《苏子由寄题小庵诗用元韵和》："拥砌幽篁如月映，覆檐乔木与天参。"

鲁匠：此处指代鲁班。

翢：鸟飞声。《诗经·大雅·卷阿》："凤凰于飞，翙翙其羽。"

齐人：此处指代徐福。

金堂：指代神仙居处。王嘉《拾遗记》："洞庭山浮于水上，其下有金堂数百间，玉女居之。"

飞观：高耸的宫阙。曹植《杂诗》："飞观百余尺，临牖御棂轩。"柳永《倾杯乐·禁漏花深》："连云复道凌飞观。耸皇居丽，嘉气瑞烟葱蒨。"

方壺勝境
海上三神山舟到風輒引去徒
妄語耳要知金銀為宮闕亦
何異人寰即境即仙自在我室
何事遠求此方壺所為寓名
也東為蕊珠宮西則三潭印月
净渌空明又辟一勝境矣

乾隆御诗

方壶胜境

海上三神山，舟到风辄引去，徒妄语耳。要知金银为宫阙，亦何异人寰。即境即仙，自在我室，何事远求？此方壶所为寓名也。东为蕊珠宫，西则三潭印月。净渌空明，又辟一胜境矣。

飞观图云镜水涵，擎空松柏与天参。高冈翔羽鸣应六，曲渚寒蟾印有三。鲁匠营心非美事，齐人搮掔只虚谈。争如茅土仙人宅，十二金堂比不惭。

远处缥缈的仙山庙宇

树影间依稀可见
赶路的车夫

圆明园山水楼阁图之一

在《圆明园山水楼阁图》中也有一处"天宫仙境"一般的建筑群。画面中，远处依稀可见赶路的车夫催促着车马，一行人前行于茫茫大雾中，好似穿梭于缥缈的仙山；近处是林立的宫阙屋宇，琼楼上的女子们欢声笑谈，金碧辉煌的屋檐下张灯结彩。大殿上，皇帝的御座陈列其中；大殿外，两位仕女互诉心事，珍惜这难得一份的清雅意境。

皇帝的御座

近处林立的宫阙屋宇

西湖麴院為宋時酒務

地荷花寮多是有麴院

風荷之名若霞紅衣印

波長虹搖影風景相被

故以其名之立

圆明园
之夏

第五章

麹院风荷

西湖麹院为宋时酒务

坦坦荡荡：

鱼乐鱼自知，消夏纳凉好去处

"坦坦荡荡"始建于康熙年间，原名"金鱼池"。乾隆四年（1739 年），景区得名"坦坦荡荡"，取自《周易》"履道坦坦，幽人贞吉"和《尚书》"无偏无党，王道荡荡"，寄托着乾隆皇帝大隐于朝的哲学追求及大公无私的治国理想。

顾名思义，这里养着上千条珍贵品种的金鱼，有银色的、红色的、紫色的，还有多种颜色混杂的花色金鱼。其中

大半身金黄色的，是最珍贵的品种。池边、桥上、水榭旁、亭子里……人们可以选择不同视角驻足观赏。池边由花岗岩条石砌成直线，围成一个规规整整的矩形。而池底大部分也铺着石板，但布置了多块太湖石给鱼儿做窝。池边特意没有种植花草树木，排除任何干扰因素，保证水里的游鱼才是被观赏的主角。整个水池简直就是一个超级大的鱼缸！

乾隆皇帝对坦坦荡荡喜爱有加。据记载，仅乾隆二十一年（1756 年）他就来这里喂了 72 次鱼！不仅如此，他还为此处题诗："有问如何答，鱼乐鱼自知。"鱼有自己的感受和体验，它们的快乐不需要通过他人的理解或判断来确认，表达了乾隆皇帝对生命的感悟和思考，以及对自然万物的敬畏和尊重。

鑿池觀魚樂坦々復蕩々泳游
同一遍吳必江湖想卻笑蒙莊
癡爾我輩是非有問如何答魚
樂魚自知

自知

自知：自己明了。《老子》："知人者智，自知者明。"

蕩々

荡荡：胸怀宽广。《论语·述而》："君子坦荡荡，小人长戚戚。"

蒙莊

蒙庄：此处指代庄子。

泳游

泳游：游泳。王恽《玉堂嘉话》："鳞介之泳游可鉴，山林之形影皆分。"

鱼乐

坦坦蕩蕩
鑿池為魚樂國池周舍下
錦鱗數千頭喁喁撥刺於
荇風藻雨間回環泳游悠
然自得詩云眾維魚矣我
知魚樂我萵目乎斯民

乾隆御诗

坦坦荡荡

凿池为鱼乐国。池周舍下，锦鳞数千头，喁喁拨刺于荇风藻雨间，回环泳游，悠然自得。诗云：众维鱼矣，我知鱼乐，我萵目乎斯民。

凿池观鱼乐，坦坦复荡荡。
泳游同一适，奚必江湖想。
却笑蒙庄痴，尔我辨是非。
有问如何答，鱼乐鱼自知。

月曼清游图·水阁梳妆

　　每到夏季，宫中女子们常常聚集在水阁之上消夏观鱼。水阁临于微波荡漾的池上，女子们身着彩衣，或坐或立，姿态优雅。右边的黄衣女子手持薄如蝉翼的纱扇，轻轻摇曳，驱赶着偶尔袭来的暑气；她一旁的姐妹正抬起纤纤玉手，准备洗手吃下午茶。竹林处的蓝衣女子，手里端着茶点，茶点之上还盖着防虫蝇的纱罩，款款向阁中走去。

纤纤玉手：洗手准备吃下午茶。

雀替：中国传统建筑中，柱与梁枋交接处的支撑构件。同时还具有装饰作用。

防虫蝇的纱罩

薄如蝉翼的纱扇

对镜自照

开光绣墩

粉彩仕女奏乐图灯笼瓶

清乾隆

短颈，直筒腹，圈足。

高32厘米，口径11.9厘米，底径10.5厘米。

此器为灯笼瓶，形如直筒的灯笼。器身上下为紫红地，彩绘缠枝西番莲纹饰，直筒状腹部白釉地，绘有十二名仕女在庭院中奏乐舞蹈的情景。

诸仕女皆身着云肩、披帛及纹饰细腻的锦服。图像中心为一高甩红色双袖、屈身曼舞的仕女，另一戴帽仕女手执一根如意首长竿立于其身后，竿头垂挂吉祥寓意的饰物，饰物上系有鱼与磬串成的长穗流苏。两侧站有八名仕女，一侧五人，另一侧三人，均在弹奏乐器，有的吹箫、笛、笙，有的

击响板、班鼓、小钹、云锣，有的弹三弦。角落还有仕女二人正在谈笑风生，好不快乐。

此众仕女奏乐舞蹈的图像，与清乾隆年间孙祜、周鲲、丁观鹏等绘制的《清院本汉宫春晓图》中的情景相似，再现其时仕女的玩乐之景。

此器内部及底均为浅绿釉色，底部有朱红篆款"大清乾隆年制"六字。

"花甲联芳"玉扳指

清
高3厘米，直径3厘米。

　　此扳指2003年出土于圆明园坦坦荡荡遗址，质地为新疆和田白玉，玉色通透，质地滋润。从尺寸上推断为女性佩带的扳指。用阴刻线描绘了一丛荷花，并刻有篆书"花甲联芳"四字，有祝愿长寿之意。（由圆明园管理处提供）

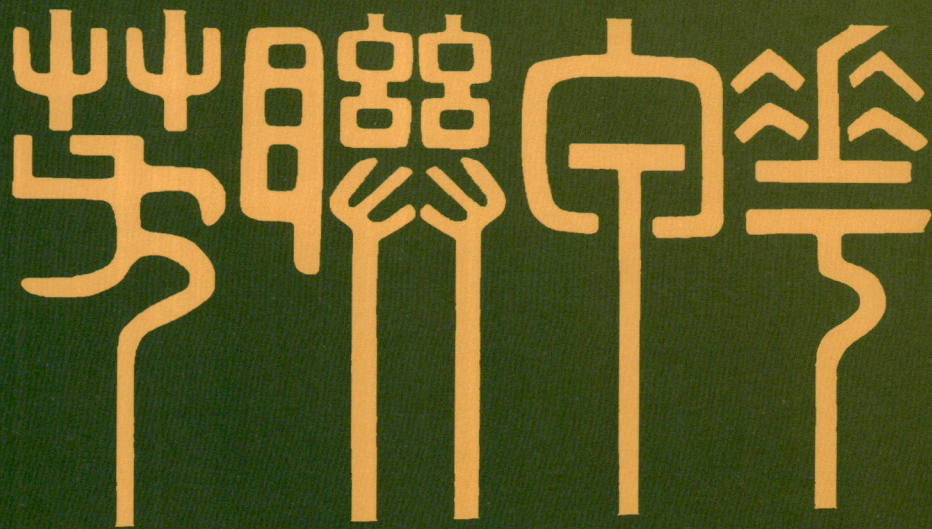

篆书"花甲联芳"

扳指

　　满族原是尚武的游牧民族，在戎马生涯中形成了自己的生活习惯，即使进入中原后，仍不忘记祖先的骑射传统。扳指作为拉弓射箭的器具，上至清朝皇帝下至普通旗人经常佩带。

192

青花缠枝莲纹瓷绣墩

清

高 46 厘米，直径 40 厘米。

该绣墩残件出土于圆明园坦坦荡荡遗址，后经修复。绣墩器型精致，口沿和圈足内收，鼓腹，通体饰青花纹饰。上 下腰部各饰有鼓钉一周，两端有镂空钱纹，主体满饰青花缠枝莲纹样。（由圆明园管理处提供）

镂空钱纹

鼓钉

铜壶

清
直口，束颈，溜肩，圈足。
高 44 厘米，直径 25 厘米。

　　此铜壶 2004 年出土于圆明园坦坦荡荡遗址，同一批次共出土 3 件。壶为青铜质地，直口、束颈、溜肩、圆腹、喇叭形高圈足，颈部有两周弦纹，两侧有如意形耳，耳上分别套有铜环。由于器物表面腐蚀严重，未见明显纹饰，圈足处落有"大清乾隆年造"款识。此铜壶整体风格古朴素雅，器量较大，推测应为陈设器。（由圆明园管理处提供）

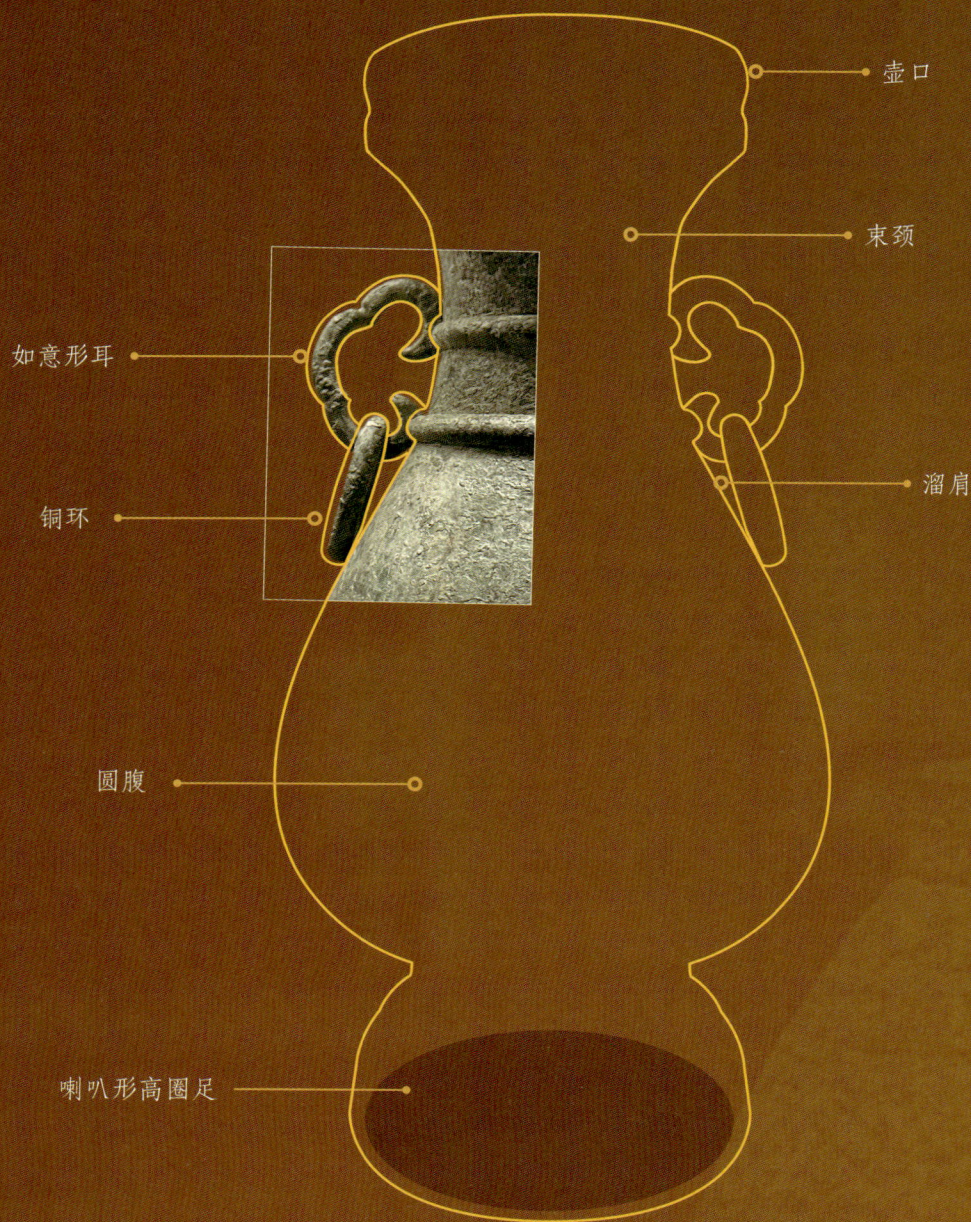

壶口

束颈

如意形耳

溜肩

铜环

圆腹

喇叭形高圈足

慈云普护：

皇家有禅意，佛光普照护众生

《圣教序》有云："引慈云于西极，注法雨于东垂"，比喻慈悲的佛法像天上的云一样无边无际，可以护佑一切。这便是圆明园四十景之一"慈云普护"的由来，意为菩萨的慈悲之心如云般广布，庇护众生。

"慈云普护"是圆明园内为数不多的宗教建筑之一，供奉着观音等菩萨像，收藏了众多的佛经、唐卡及法器等珍贵佛教艺术品，蕴含佛教慈悲与皇室尊荣，旨在为皇家提供

一个祈福、修行的清净之所。画面中有一座三层楼阁，楼顶有一铜凤试风旗，为雍正三年（1725 年）安设。这座楼阁看上去平平无奇，仔细一看，第二层镶嵌了一个西洋大自鸣钟。自鸣钟整点会自动响起钟声，为皇帝早起、理政报时，无论皇帝住在附近哪里都可以清楚地听到。雍正皇帝所写的《咏自鸣钟》有云："弦轮旋密运，针表恰相交。晷刻毫无爽，晨昏定不淆。应时清响报，疑是有人敲。"赞美自鸣钟精巧的

设计和精湛工艺之余，感悟时间的流转。

18 世纪时，中西文化互动已经较为频繁，除了钟表，还有玻璃眼镜、望远镜、天文地理仪器、西式陈设品等西洋器物出现在圆明园中。来自意大利的郎世宁、法国的王致诚都是清朝宫廷画家，他们甚至参与设计修建了西洋楼景区，将欧洲建筑与园林喷泉等引入圆明园，使清朝皇家园林里也出现了西方风景。

罗马教宇的刻度

西洋自鸣钟楼

西洋栏杆

偎红倚绿簾櫳好鶯聲瀏栗南塘曉高閣漏丁丁春風多少情幽人醒午夢樹底濃陰重蒲上便和南摐摐聲色參

幽人：隐士。《周易》："履道坦坦，幽人贞吉。"苏轼《定惠院寓居月夜偶出》："幽人无事不出门，偶逐东风转良夜。"

和南：佛教用语，稽首、敬礼谓之和南。白居易《六赞偈》："故我稽首，和南僧宝。"

丁丁：象声词。白居易《和微之诗二十三首·和望晓》："丁丁漏向尽，冬冬鼓过半。"

乾隆御诗

慈云普护

一径界重湖间，藤花垂架，鼠姑当风。有楼三层，刻漏钟表在焉。殿供观音大士。其傍为道士庐，宛然天台，石桥幽致，渡桥即为上下天光。

偎红倚绿帘栊好，莺声浏栗南塘晓。
高阁漏丁丁，春风多少情。
幽人醒午梦，树底浓阴重。
蒲上便和南，枞枞声色参。

偎红倚绿：此处指代年轻女子。《二刻拍案惊奇》："少年心性，好的是那歌楼舞榭，倚翠偎红，绿水青山，闲茶浪酒。"

慈雲普護

調寄菩薩蠻

一徑界重湖间藤花垂架鼠姑當風有樓三層刻漏鐘表在焉殿供觀音大士其傍為道士廬宛然天台石橋幽致渡橋即為上下天光

寿山石印章

古董香薰炉、檀木玉纽盖 ②

宫廷御猫

雍正十二美人图·捻珠观猫

在《雍正十二美人图·捻珠观猫》中，左侧的方几上摆放着一座自鸣钟，此时来自西洋的钟表，已成为清朝皇室室内陈设的时尚物件。

自鸣钟于明朝时期就传入了中国。据资料记载，1601年，著名传教士利玛窦来到北京，他呈给万历皇帝的礼物中就有两座自鸣钟，自此，自鸣钟开始进入中国宫廷。不过，自鸣钟一开始并不是很准。明朝时，随耶稣会传入中国的自鸣钟是对中世纪重锤驱动钟的改良品种，其日误差在十五分钟以上。到清康熙年间，带擒纵器和发条（或游丝）的准点钟表出现了，自鸣钟这才在精准度方面有了优势。直至鸦片战争前夕，自鸣钟主要还是在宫廷内部以及商贾政客之间流通。不过随着西洋钟表地不断传入，"时、分、秒"这种西方计时体系在民众中逐渐普及开来。

檀木镶嵌珐琅的自鸣钟

十八子沉香佛珠

仕女的头钗低调素雅，正是传说中的"拙荆"。

衣襟上有各式吉祥花纹

此器为铜胎壁瓶，底座为云头形。器身表面镶嵌有红、绿色及透明切面玻璃，大小不一，呈不规则冰裂状排列，凹凸不平，切面反射澄澈透光。器身正中镶嵌一圆形双针式西洋表面，表盘上以阿拉伯数字及罗马数字设计为内外两圈显示时间，中心有"L'Epine, Hger du Roi"字样，说明此表面出自法国皇室钟表匠师勒皮那（Jean-Antoine Lépine）的工坊。

器身背部为鎏金盖板，上刻笛、鼓、号等西洋乐器及蝴蝶结饰。器内插有一枝金属胎折枝花，花枝柔曼，袅袅娜娜，其上有叶片若干，叶脉清晰可见，花瓣及花蕊上镶嵌红、黄、蓝三色切面玻璃，边缘圆润，与器身镶嵌玻璃交相辉映，晶莹剔透，晔晔照人。

铜胎壁瓶侧面

云头形底座

鎏金盖板

双针式西洋表

壁瓶

壁瓶又称为轿瓶，是挂在墙面或车轿上的装饰品，其中可另插各色鲜花、绢花等物。样式多为瓶、尊、壶等形的缩小版，背部为平板形，另穿孔便于悬挂。此器型出现于明朝万历年间，得乾隆皇帝青睐，其时烧造较多，釉色丰富，纹饰精美。

玻璃，在古代被称为"玻璨""颇黎"等，《太平广记》中有"观其笔，乃白玉为管，研乃碧玉，以玻璃为匣"的记载，可见古代已有玻璃器。清康熙三十五年（1696年），养心殿造办处玻璃厂成立，专为皇家烧造玻璃器；雍正早期，圆明园六所中又设立了玻璃作坊——玻璃作，同样为皇家吹制玻璃，以小型精巧器物为主。由于乾隆皇帝喜爱玻璃，斥巨资扩大琉璃厂规模，其时琉璃器造型更加丰富，颜色多样，套料、绞丝、雕刻、点彩、描金等做法层出不穷，流光溢彩，熠熠生辉。

花瓣为蓝玻璃，花蕊为黄玻璃。

花瓣、花蕊均为黄玻璃。

花瓣为红玻璃，花蕊为黄玻璃。

澡身浴德：

洗涤身心灵，以德自清不染浊

这是澄虚榭，下方的台阶是泛舟福海、
前往瀛洲的码头，皇帝可从此处登船。

"澡身浴德"是皇帝洗澡的地方吗？当然不是。"澡身浴德"出自《礼记·儒行》"儒有澡身而浴德"，唐朝经学家孔颖达对此解释为"澡身谓能澡洁其身，不染浊也；浴德谓沐浴于德，以德自清也"。因此，"澡"和"浴"是指洗涤心灵，修养性情，意思是君子要修养身心，使自己品性纯洁清白，与历史上"孔子沐浴而朝"的典故所倡导的精神相契合。

正殿澄虚榭视野开阔，可俯瞰周边水景，是欣赏福海风光的绝佳地点，皇帝常在这里休息远眺。澄虚榭下方的台阶是泛舟福海、前往瀛洲的码头，皇帝一般从此处登船。每年的端午节，皇帝及王公大臣会从北侧的四方亭——"望瀛洲"观看福海上的龙舟比赛。

这里的四方亭叫"望瀛洲"，在这里可以观赏端午赛龙舟的应景

澡身浴德
福海西壖平漘鏡淨黛
蓄膏停竹嶼蘆汀極望
淼淼浴鳧飛鷺游泳翔集
王司州云非惟使人情開
滌亦覺日月清朗
苓香含石髓秋水長天色不竭
亦不盈是惟君子德我來俯空
明鏡已默相識魚躍與鳶飛如
如安樂國

澡身浴德

福海西壖，平漘镜净，黛蓄膏停，竹屿芦汀，极望淼淼。浴凫飞鹭，游泳翔集。王司州云：非惟使人情开涤，亦觉日月清朗。

苓香含石髓，秋水长天色。
不竭亦不盈，是惟君子德。
我来俯空明，镜已默相识。
鱼跃与鸢飞，如如安乐国。

芩香舍石髓秋水長天色不竭
众不盈是惟君子德我来俯空
明鏡己黙相識魚躍与鸢飛如
如安樂國

空明：空旷澄澈。苏轼《记承天寺夜游》："庭下如积水空明，水中藻、荇交横，盖竹柏影也。"

石髓：石钟乳。《晋书·嵇康传》："康又遇王烈，共入山，烈尝得石髓如饴，即自服半，余半与康，皆凝而为石。"

秋水：秋天的湖水或江水。《庄子·秋水》："秋水时至，百川灌河。"王勃《滕王阁序》："落霞与孤鹜齐飞，秋水共长天一色。"

如如：佛教用语。《坛经》："万境自如，如如之心，即是真实。"

十二月月令图·五月

每年农历五月初五端午节是一个重大节庆，民间举办吃粽子、挂荷包、赛龙舟等一系列庆祝活动。皇家也不例外，皇帝这天会取消朝会，举办龙舟竞渡等比赛项目。

每年的龙舟竞渡都会选择在水域开阔的福海进行，人们在南岸和北岸之间留出一条赛道，长约600米。随着一声令下，比赛开始。九艘龙舟乘风破浪，像离弦的飞箭；龙舟上鼓声阵阵、旌旗荡漾，有时还附带一些杂耍表演。

楼台上观看比赛的仕女们

站在岸边的"啦啦队"

旌旗飞扬，龙舟竞渡。

凤舟

龙舟

214

珐琅彩龙舟图胆瓶

清乾隆
敛口，长颈，平底，圈足。
高20.2厘米，口径3.5厘米，底径4.2厘米。

此器身以白釉为地，其外壁绘珐琅彩图案。亭台楼阁占据图案的主要部分，亭台楼阁之外的浩渺烟波上有龙舟、凤舟竞渡，龙舟船身为黄色，船头细勾一张嘴龙首，凤舟船身为粉紫色，船头描画一短喙凤首，两舟上均树有彩旗，随风飘舞。

此器颈部有墨书题诗："仙楼绮阁环瀛汉，凤舸龙舸绕翠流。"诗句旁边有"寿如""山高""水长"三印，均为朱红色，合为寓意吉祥的"寿如山高水长"。足底正中双线方框内书四字二行仿宋体"乾隆年制"款识。

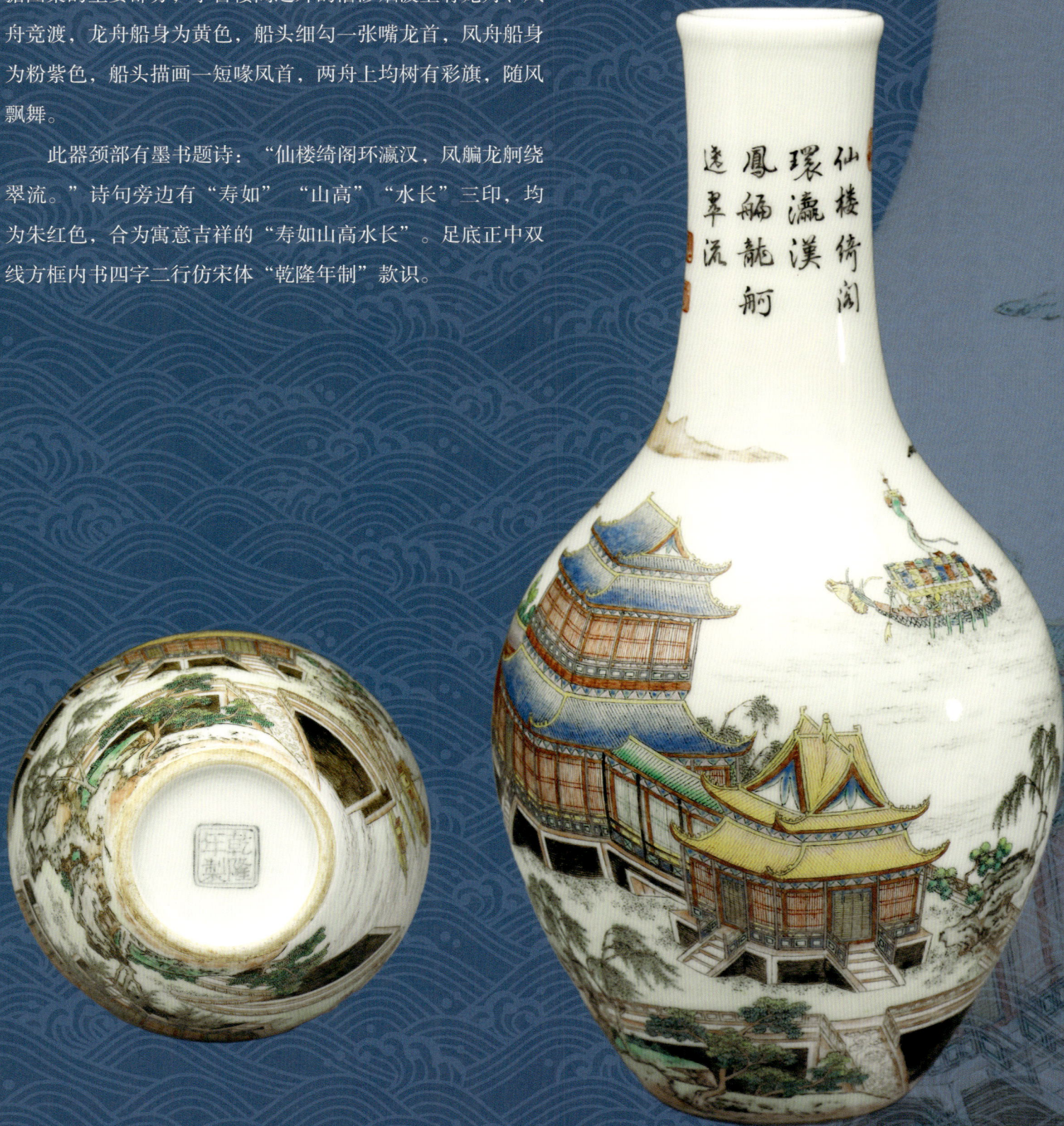

仙楼绮阁
环瀛汉
凤舸龙舸
绕翠流

蓬岛瑶台：

虚无缥缈间，楼阁玲珑五云起

"忽闻海上有仙山，山在虚无缥缈间。楼阁玲珑五云起，其中绰约多仙子。""蓬岛瑶台"恐怕就是白居易《长恨歌》里描写的"仙山"景色的化身。

"蓬岛瑶台"由三个小岛组成，中间最大的为蓬莱岛，其西北的为方壶（方丈）岛，而位于东南边的则为瀛洲岛，三座岛屿之间有弯曲的回廊相连。《史记·封禅书》记载，齐

方壶（方丈）岛上有御膳房

瑶台：皇太后及后妃在此看龙舟

三岛中面积最大的蓬莱岛

登上"仙山"的码头

威王、齐宣王、燕昭王时曾派人入海寻访蓬莱、方壶（方丈）、瀛洲三山。传说三座神山都在勃海，远望似在云端，近看却在水下，等到接近时，船就会被风吹走。有幸到过三山的人发现山上有仙人和不死药，还有用金银堆砌建成的宫殿，就连山上的飞禽走兽都是白色的。

在实地营造时，"蓬岛瑶台"的结构和布局仿唐朝画家李思训之画意作仙山楼阁之状，岛上的建筑也如同传说中昆仑山上的金堂玉楼般华丽，尽显皇家园林的奢华与气派。皇帝及王公大臣会在福海西岸的"望瀛洲"四方亭观赏龙舟竞渡，皇太后和后妃内眷则在"蓬岛瑶台"观赏。夏季白天太热，夜晚在福海月下泛舟，实在是凉爽舒适。伴着水上乐队的伴奏，贵人们玩得几乎"废寝忘食"。

瀛洲岛上有一座六方亭

名范绰约草葳蕤　隐映仙家白
玉墀天上画图悬日月水中楼阁
浸琉璃鹭拳净沼波翻雪燕贺
新巢栋有芝海外方蓬原宇内祖
龙鞭石竟奚为

琉璃

琉璃：比喻晶莹剔透之物。杜甫《渼陂行》："琉璃汗漫泛舟入，事殊兴极忧思集。"

鞭石

鞭石：引申神助的典故。《艺文类聚》："始皇作石桥，欲过海观日出处。于时有神人，能驱石下海，城阳一山石，尽起立。嶷嶷东倾，状似相随而去。云石去不速，神人辄鞭之，尽流血，石莫不悉赤，至今犹尔。"

翻雪

翻雪：白浪翻滚。元稹《送致用》："遥看逆浪愁翻雪，渐失征帆错认云。"

乾隆御诗

蓬岛瑶台

福海中作大小三岛，仿李思训画意，为仙山楼阁之状。峇峇亭亭，望之若金堂五所，玉楼十二也。真妄一如，小大一如，能知此是三壶方丈，便可半升铛内煮江山。

名范绰约草葳蕤，隐映仙家白玉墀。
天上画图悬日月，水中楼阁浸琉璃。
鹭拳净沼波翻雪，燕贺新巢栋有芝。
海外方蓬原宇内，祖龙鞭石竟奚为？

葳蕤

葳蕤：草木繁茂枝叶下垂。柳宗元《袁家渴记》："摇飏葳蕤，与时推移。"

蓬島瑤臺

福海中作大小三島仿李思

訓畫意為仙山樓閣之狀岩

岩亭之望之若金堂五所玉

樓十二也真妄一如小大一如

能知此是三壺方丈便可半

升鐺內煮江山

219

仙山楼阁图

传世山水画中含有不少仙山楼阁题材的作品，不同朝代、绘画风格迥异的画家留下了多样且丰富的仙山面貌。传说中的三山、五山、十洲究竟是什么样的面貌？画家各自发挥丰富的想象力，挥毫呈现他们心目中的仙山境地，有的聚焦于穿梭仙山间的仙圣其人，有的集中表现居于仙山其上的神兽异物，有的突出营造仙气缭绕的缥缈氛围。

此幅仙山楼阁图所绘仙山位于无尽大海之上，山势奇诡，占据了画面的主要部分，给人以强烈的视觉震撼；楼阁错落有致地分布在山间，增添了画面的人文气息。

细看各处楼阁，人头攒动，男女老少往来其间。高耸的楼阙间，有文人拱手作揖，有雅士倚门攀谈，有观景者探头望浪；辉煌的殿阁中，有仕女或凭栏眺望或拾级而上，孔雀、仙鹤、鹿等祥瑞之物穿梭其间；开阔的平台上，依稀可辨似八仙、福禄寿、麒麟、夫诸等仙家身影，神兽异物隐于凡人间。崖边石径上，另有数人游荡徘徊，欲往仙山楼阁处。

画面中大量使用石青、石绿等颜料，佐以泥金，赋彩大气磅礴，雍容华丽，画面下方的滔天波浪与浮世绘中的波浪有异曲同工之妙，惊涛拍岸的动感在细细勾勒中跃然纸上，亦增仙境之感。

卷帘门处，三人聚集在门口，一人在门内作拱手状似抚摩一物，一人在门外与其对视，仿佛在交谈，门外另一侧一人手持一棍状物，似侧耳倾听。

飞昂，斗栱的构件之一。李诫《营造法式》中有言："飞昂，其名有五：一曰欂，二曰飞昂，三曰英昂，四曰斜角，五曰下昂。"

镶嵌铜镀金坛城

清
高 28.8 厘米

此器为陈设之用，呈现仙山楼阁之貌。圆台中央有一仙山于层层波浪之上矗立，自山腰处突出似阶梯状山峦，山间有似方形的亭台楼阁，周围有祥云缭绕，祥云顶端似有一日，象征着佛经中的须弥山及四洲。

仙山外围，以法螺、法轮、宝伞、白盖、莲花、宝瓶、金鱼、盘长等八吉祥及宝象、宝马等寓意顺遂之物，分内外两圈嵌放在圆台上呈拱卫之势，每一祥物均由铜片敲琢出浮雕图案后，正反焊合而成，再以椭圆形莲座及莲台承托，瑞相纷呈，象征诸佛齐聚以护卫正道，也寓意家国在此诸宝护持下河清海晏，国泰民安。

台座四周以金属薄片包裹，锤有一圈梵文，梵文上下饰以莲花、宝珠纹，梵文中间有一活环，猜测是系他物之用。

金坛城仙山正面

金坛城仙山侧面

宝瓶侧面

白盖侧面

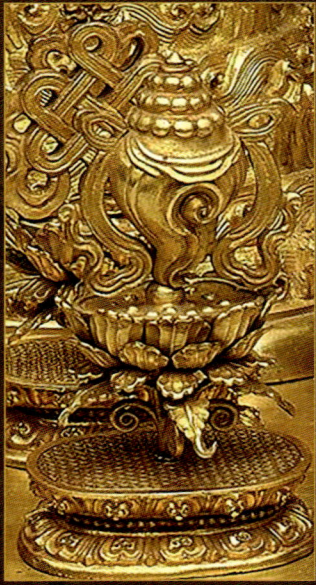

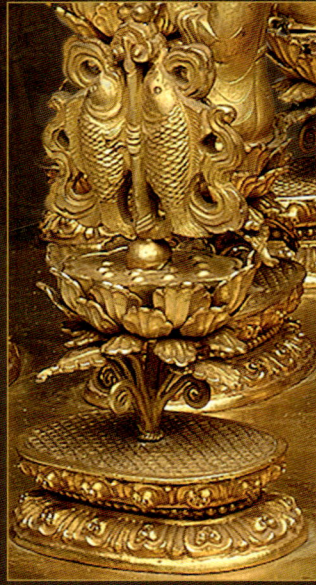

法螺　　　　　　　　金鱼　　　　　　　　法轮　　　　　　　　宝伞

台座上的梵文

台座上镶嵌的各色珠子

坛城

为"曼荼罗"的意译，藏语音译为"吉廓"，指藏传佛教密宗修法时的场所，一般划出一圆圈或方形的土坛，在其上供佛、菩萨等诸尊像，表示诸尊聚集。藏传佛教密宗有大威德金刚坛城、喜金刚坛城、须弥山坛城、集密金刚坛城等。

四宜书屋：
心灵避风港，焚香煮茶享清净

泛舟福海的游船，在活动结束后，悄悄停回了一处"避风港"里，这儿便是"四宜书屋"。此处楼阁背山面水，共有殿堂五间，正殿为安澜园，南为采芳洲、无边风月之阁，西为远秀山房，北为烟月清真楼，各建筑之间相对独立又相互呼应，整个建筑群犹如一幅中式画卷，呈东西向散点布局，营造出一种自由灵活的空间感。

远处山林密集、笋石林立，如有清风吹来，便会呈现一派"万壑松风"的画意诗情。乾隆皇帝为此处题诗："春宜花，夏宜风，秋宜月，冬宜雪"，同时也是宜读书、宜抚琴、宜焚香、宜烹茶的好地方。

沿着河道可以通往福海

四宜書屋
春宜花夏宜風秋宜月冬
宜雪居處之適也冬有突
夏夏室寒夐騷人所艷允
矣茲室君子攸寧
秀木千章綠陰鎖閒閒遠嶠青
蓮朵三百六日過隙駒棄日一
篇無不可墨林義府足優游不
羨長楊与馺娑風花雪月各殊
宜四時瀟灑松竹我

乾隆御诗

四宜书屋

春宜花，夏宜风，秋宜月，冬宜雪，居处之适也。冬有突夏，夏室寒夐，骚人所艳，允矣兹室，君子攸宁。

秀木千章绿阴锁，闲闲远峤青莲朵。
三百六日过隙驹，弃日一篇无不可。
墨林义府足优游，不羡长杨与馺娑。
风花雪月各殊宜，四时潇洒松竹我。

宜四時瀟灑松竹我羨長楊與駿娑鳳花雪月各殊篇無不可墨林義府足優游不蓬叢三百六日過隙駒棄日一秀木千章綠陰鎖間、遠嶂青

秀木：秀美的树木。陆机《招隐》："激楚伫兰林，回芳薄秀木。"

駿娑：宫殿名。张衡《西京赋》："駿娑骀荡，焘奡桔桀。"

闲闲：从容自在的样子。《诗经·魏风·十亩之闲》："十亩之闲兮，桑者闲闲兮，行与子还兮。"

弃日：虚度光阴。司马相如《上林赋》："朕以览听余闲，无事弃日，顺天道以杀伐，时休息于此。"

长杨：宫殿名。《三辅黄图》："长杨宫，在今盩厔县东南三十里，本秦旧宫，至汉修饰之以备行幸。宫中有垂杨数亩，因为宫名；门曰射熊观。秦汉游猎之所。"

十二月禁御图·蕤宾日永

　　这艘停泊在"避风港"造型独特的彩船，犹如一座水面的"移动宫殿"。船尾飘着龙旗，船头是凤凰造型，船舷两边则有凤凰翅膀，或许这就是后妃乘坐的风舟。船舱就如同一间小房子，门口还有个小牌楼，船顶则是平台加卷棚悬山顶的样式，窗棂上有漂亮的冰裂纹，从感官上为炎炎夏日带来些许清凉。

石榴花

菖蒲花

这艘凤舟犹如一座水面的"移动宫殿"

230

卷棚悬山顶

小牌楼

凤头

龙旗

冰裂纹

蜀葵

231

曲院风荷：

荷叶映罗裙，西湖美景此处寻

福海西边窄长形湖面上横卧着一座九孔石桥，气势如虹，这是圆明园内最长的一座石桥。桥的两头各一座色彩鲜艳的牌楼（与之类似的牌楼，如今在北京市北海公园永安桥两端依然可见）。湖边种满了荷花，很有杭州西湖"接天莲叶无穷碧，映日荷花别样红"的气势。这处风景就是"曲院风荷"。

九孔石桥

保养维修船只的船坞

实际上，"曲院风荷"的名字和意境，都是模仿著名的杭州西湖十景之一的同名景观而来。杭州的"曲院"原本是南宋朝廷开设的酿酒作坊，那里广种荷花，荷香并酒香随风飘散，因此被称为"曲院风荷"。乾隆皇帝和祖父康熙皇帝一样喜爱南巡，曾六次下江南，尤其喜欢西湖十景的风光。因此扩建圆明园时，乾隆皇帝就将这处景观复制了过来。

英法联军入侵北京致使圆明园遭到了焚毁，曲院风荷等众多精美景观一同化为灰烬。可幸的是，珠海于1992年新建圆明新园，并于1997年正式建成。它以北京圆明园焚烧前的建筑为蓝本，1:1恢复了曲院风荷的景观，这一经典景观得以重现于世。

跨河的亭桥

香遠風清誰解圖亭之花底睡雙鳧停榜隄畔饒真賞那數餘杭西子湖

香遠　雙鳧　西子湖　榜

香远：香气远播。周敦颐《爱莲说》："中通外直，不蔓不枝，香远益清，亭亭净植。"

双凫：两只水鸟。黄庭坚《次韵清水岩》："双凫能来游，俗子迹可扫。"

西子湖：西湖。苏轼《饮湖上初晴后雨》："欲把西湖比西子，淡妆浓抹总相宜。"

榜：船桨，也代指小船。元结《欸乃曲》："停榜静听曲中意，好是云山韶濩音。"

乾隆御诗

曲院风荷

西湖麯院，为宋时酒务地，荷花最多，是有麯院风荷之名。兹处红衣印波，长虹摇影，风景相似，故以其名名之。

香远风清谁解图，亭亭花底睡双凫。
停榜堤畔饶真赏，那数余杭西子湖。

麴院風荷

西湖麴院為宋時酒務
地荷花家家多是有麴院
風荷之名蓋霞紅衣印
波長虹搖影風景相似
故以其名之之

十二月月令图·六月

每年农历六月正是三伏之际。撑一支长篙，泛舟圆明园的湖域之上，水面清圆，一一风荷举。清朝宫廷画家的《十二月月令图·六月》中，更是把"接天莲叶无穷碧，映日荷花别样红"的画面具象化了。古往今来，荷花一直是文人雅士笔下的常客。《诗经·陈风·泽陂》中已有关于美人与荷花互动的记载："彼泽之陂，有蒲与荷。有美一人，伤如之何。寤寐无为，涕泗滂沱。"唐朝王昌龄所写"荷叶罗裙一色裁，芙蓉向脸两边开。乱入池中看不见，闻歌始觉有人来。"使仕女们在池塘划船、弄荷的景象跃然纸上。

① 坐"轮椅"代步的公子

② 湖上泛舟

③ 猜猜这三个童子在干什么？
（有一种说法是，他们正在
用皂角水玩吹泡泡。）

出水芙蓉

低头弄莲子，莲子清如水。

康熙青花龙纹碗

清

广口，圈足。

高 7.6 厘米，口径 15.7 厘米。

该碗残件出土于圆明园曲院风荷遗址，后经修复。广口圈足，弧壁，整体施以白釉，外侧有青花绘制的二龙戏珠纹饰，外底署青花楷体"大清康熙年制"六字双圈款。（由圆明园管理处提供）

广口圈足，器型对称。

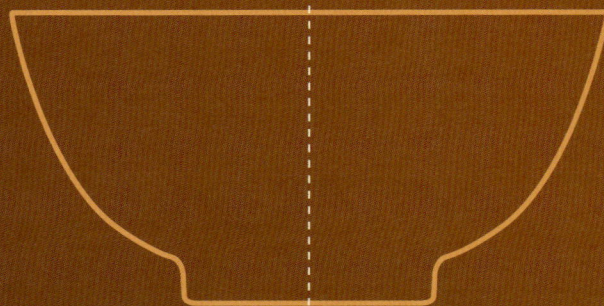

康熙青花龙纹碗碗底

大清康熙年制

碗身龙纹

水木明瑟：

溪风群籁动，泠泠瑟瑟自然凉

北魏的郦道元在《水经注》里写道："池上有客亭，左右楸桐，负日俯仰，目对鱼鸟，水木明瑟，可谓濠梁之性，物我无违矣。"这段话的大意是：水池边上的亭台，左右种着楸树与桐树；低头看看游鱼，仰头望望飞鸟；水粼粼、木葱葱，这是庄子与惠子在濠水桥上，讨论物我相忘的故事呀！仔细对照画面，楸树与桐树、小桥与流水，与《水经注》里描写的场景如出一辙。

"水木明瑟"始建于雍正时期，最初被称为"耕织轩"。乾隆皇帝登基后指导引入西方水法，将其主建筑耕织轩改造成风扇房（又叫水木明瑟殿），其原理是将水引入殿宇，利用水力推动风扇，既凉快，又有水声，泠泠瑟瑟。酷暑时节，这里自然而然就成了帝后避暑的好地方。

楸桐

水木明瑟殿

不桥

流水

水木明瑟　调寄秋风清
用泰西水法引入室中以
转风扇泠泠瑟瑟非丝非
竹天籁遥闻林光逾生净
绿郦道元云竹柏之怀与
神心妙达智仁之性共山
水效深兹境有焉
林瑟瑟水泠泠溪风群籁动山
鸟一声鸣斯时斯景谁图得
非色非空吟不成

乾隆御诗

水木明瑟

用泰西水法引入室中，以转风扇，泠泠瑟瑟，非丝非竹，天籁遥闻，林光逾生净绿。郦道元云：竹柏之怀，与神心妙达；智仁之性，共山水效深。兹境有焉。

林瑟瑟，水泠泠。
溪风群籁动，山鸟一声鸣。
斯时斯景谁图得，非色非空吟不成。

林瑟瑟水泠泠溪風群籟動山鳥一聲鳴斯時斯景誰圖涛非色非空吟不成

瑟瑟：象声词。刘桢《赠从弟》："亭亭山上松，瑟瑟谷中风。"

冷冷：清凉。杜甫《行次盐亭县聊题四韵奉简严遂州蓬州二使君咨议诸昆季》："云溪花淡淡，春郭水冷冷。"

群籁：种种声响。王羲之《兰亭诗》："群籁虽参差，适我无非新。"

非色非空：化典。《大般若经》："色不异空，空不异色，色即是空，空即是色。"

圆明园山水楼阁图之四

此图画面中水波粼粼，竹木葱葱，小桥曲折有致，凉爽之意扑面而来，再现了庄子与惠子游于濠梁之上的典故。庄子曰："鲦鱼出游从容，是鱼之乐也。"惠子曰："子非鱼，安知鱼之乐？"庄子曰："子非我，安知我不知鱼之乐？"惠子曰："我非子，固不知子矣；子固非鱼也，子之不知鱼之乐，全矣！"庄子曰："请循其本。子曰'汝安知鱼乐'云者，既已知吾知之而问我，我知之濠上也。"这一番轻松闲适、诗意盎然的辩论，成就了经典名句"子非鱼，安知鱼之乐"，与《诗经·王风·黍离》里的"知我者，谓我心忧，不知我者，谓我何求"有异曲同工之妙。

寓意吉祥的"巾"字纹

典型的中式园林景观：假山

241

对镜自赏 笔墨和图相配合之二

濂溪乐处：

遥想周敦颐，花中君子不独行

圆明园里面赏荷花的地方很多，乾隆皇帝最喜欢的却是"濂溪乐处"。濂溪是谁？乐在何处？"濂溪"其实就是北宋著名思想家、文学家周敦颐的号，"濂溪乐处"就是濂溪先生喜欢的地方。那周敦颐爱好什么呢？答案早已经在《爱莲说》里了："水陆草木之花，可爱者甚蕃。晋陶渊明独爱

菊。自李唐来，世人甚爱牡丹。予独爱莲之出淤泥而不染，濯清涟而不妖，中通外直，不蔓不枝，香远益清，亭亭净植，可远观而不可亵玩焉。"

这里的池塘中种满了荷花，正方形的回廊与亭台交错相连，造型美丽别致。走在回廊里，流水带走了暑热、清风送来了荷香。远眺荷花仿佛绿伞上的一颗颗粉色珍珠，近观荷花宛如亭亭玉立的娇艳少女。前后左右，都是荷花与莲蓬，可以从任意角度和方向观赏。如今，这里还是圆明园里观赏珍稀黑天鹅的好去处，吸引不少游人慕名前往。

玉井

玉井：传说中华山上的玉井，其中产莲，服之可羽化。韩愈《古意》："太华峰头玉井莲，开花十丈藕如船。"

濂溪乐处

苑中菡萏甚多，此处特盛。小殿数楹，流水周环于其下。每月凉暑夕，风爽秋初，净绿纷红，动香不已。想西湖十里，野水苍茫，无此端严清丽也。左右前后皆君子，洵可永日。

水轩俯澄泓，天光涵数顷。
烂漫六月春，摇曳玻璃影。
香风湖面来，炎夏方秋冷。
时披濂溪书，乐处惟自省。
君子斯我师，何须求玉井？

濂溪：此处指代周敦颐。

濂溪

烂漫

烂漫：色彩绚丽。杜甫《追酬故高蜀州人日见寄》："锦里春光空烂漫，瑶墀侍臣已冥寞。"

水軒俯澄泓天光涵數頃爛熳

六月春摇曳玻璃影香風湖面

来炎夏方秋冷時披濓溪書樂

霄惟自省君子斯我師何須求

玉井

248

澄泓

澄泓：水清且深。刘禹锡《历阳书事七十韵》：“茧纶牵拨刺，犀焰照澄泓。”

濂溪樂處

苑中菡萏甚多此處特盛小殿數楹流水周環於其下每月涼暑夕風爽秋初淨綠紛紅動香不已想西湖十里野水蒼茫無此端巖清麗也左右前後皆君子洵可永日

十二月月令图·六月

"荷花开后西湖好，载酒来时。"欧阳修写的"载酒来时"正是画面中盛夏时节的写照。近处两位童子一前一后抬着一大壶酒，一旁还有垂钓的精神小伙，趁着日头忙着晒书的书童。不远处穿着蓝色交领袍服、拿着扇子的文人，很可能是装扮成"爱莲"雅士的皇帝。为什么这么说呢？因为他脚上的鞋子不是一般人能穿的。

这种红色方头鞋叫"赤舄"，在古代服饰制度中，它是一种与礼服配套的鞋子，其形制较为独特，一般鞋底较厚，鞋头微微上翘。自周朝起，赤舄就是天子、诸侯等贵族在祭祀等重要仪式场合穿着的鞋子。古代朝堂之上，天子穿着赤舄站在高位，这双鞋子就如同权力的标志，代表着统治阶层的权威。《诗经·豳风·狼跋》有云："公孙硕肤，赤舄几几"，仅仅通过"赤舄"，就描绘了公孙先生体态丰满、步履庄重的形象，展现了贵族人物的威严庄重。

晒书

拿着扇子的文人

荷花开后西湖好，载酒来时。

——欧阳修

250

予独爱莲之出淤泥而不染，濯清涟而不妖，中通外直，不蔓不枝，
香远益清，亭亭净植，可远观而不可亵玩焉。

——周敦颐

观看钓藕

节酒

251

多稼如云：

田园风光好，十亩池塘万柄莲

圆明园虽然是皇家园林，里面却有不少地方是模仿民间田园水村而建。这里始建于雍正年间，初名"观稼轩"；到了乾隆年间，这里成了乾隆皇帝亲自躬耕的御田，因此改名为"多稼如云"，寄托着帝王希望稻谷如云、庄稼丰收的愿望。

别境小照，两地临水，
是最佳读书所路径

"多稼如云"分为南北两部分。北面是一组两进院落，前殿三间，外檐悬挂乾隆皇帝御书"芰荷香"，是欣赏荷花的最佳之处；后殿为正殿五间，坐北朝南，外檐悬挂乾隆皇帝御书"多稼如云"铜字匾，殿内设有宝座，是帝后欣赏荷花时休息的场所。南面是一大片荷花池，周围种有稻田，初夏时，乾隆皇帝常在此躬耕，亲身体察农作物生长情况。皇家园林里的这处田园水乡不仅是夏日的一处清幽赏荷之地，它的存在还体现了康、雍、乾三朝以农为本的治国理念和对黎民百姓的关切。

"芰荷香"殿，据说乾隆皇帝最爱与崇庆皇太后在此赏荷。

畴谘

畴咨：访求。《尚书·尧典》："帝曰：'畴咨若时登庸。'"

乾隆御诗

多稼如云

坡有桃，沼有莲，月地花天，虹梁云栋，巍若仙居矣。隔垣一方，鳞塍参差，野风习习，被襫蓑笠往来，又田家风味也。盖古有弄田，用知稼穑之候云。

稼穑艰难尚克知，黍高稻下入畴咨。
弄田常有仓箱庆，四海如兹念在兹。

仓箱

仓箱：代指丰收。《诗·小雅·甫田》："乃求千斯仓，乃求万斯箱。"郑玄笺："成王见禾谷之税，委积之多，于是求千仓以处之，万车以载之。是言年丰，收入逾前也。"

四海

四海：代指天下。《尔雅·释地》："九夷、八狄、七戎、六蛮，谓之四海。"

稼穑艰难尚克知黍高稻下入
畴谘弄田常有仓箱庆四海
如兹念在兹

稼穡

稼穡：耕种与收获，泛指务农。《尚书·无逸》："先知稼穡之艰难，乃逸，则知小人之依。相小人，厥父母勤劳稼穡，厥子乃不知稼穡之艰难，乃逸乃谚。"

多稼如雲

坡有桃沿有蓮月地花天

虹潔雲棟巍若仙居矣隔

垣一方鱗塍象差野風習

習襏襫叢笠注末又田家

風味也蓋古有再田用知

稼穡之後云

255

雍正十二美人图·烛下缝衣

"慈母手中线，游子身上衣。"乾隆皇帝与他的母亲崇庆皇太后之间的感情非常深厚，曾多次和崇庆皇太后一起在"多稼如云"观赏荷花，还曾率大臣、皇子、皇孙于此观荷作诗。

乾隆皇帝六次南巡中有四次都带着母亲游历大好山河，品尝天下美食。因为崇庆皇太后晚年怀恋江南景物，乾隆皇帝借祝贺母亲七十大寿为由，从万寿寺开始一直往北到海淀、畅春园沿线，大兴土木，建成了一条长达数里的商业街，街道及周围环境完全仿照苏州样式，俗称"苏州街"。崇庆皇太后非常喜欢，常到那里游赏街景。直至咸丰十年（1860年），英法联军火烧圆明园后，那条街也逐渐被废弃，如今只有其名而无其形了。

并蒂莲，是指并排地长在同一根茎上的两朵莲花，属于花中珍品，既象征夫妻恩爱，也象征家庭成员之间彼此关爱、相互尊重。

螺髻，发髻的形状像螺壳一样，一般是运用编、盘、叠等手法把头发分股叠盘成螺旋状，再用簪子固定。唐朝永泰公主墓壁画中便见此发型，可见当时女子对此发型的喜爱。辛弃疾《水龙吟·登建康赏心亭》中也提及此发型："遥岑远目，献愁供恨，玉簪螺髻。"

鱼戏莲叶间，象征年年有余。

银镀金点翠嵌宝福寿簪

清道光

长 20.3 厘米、宽 7.45 厘米。

点翠是用翠鸟的羽毛来做装饰品的工艺，自汉朝有之。早在《楚辞·九歌·东君》中就有关于翠鸟的记载："翾飞兮翠曾。"王逸注："言巫舞工巧，身体翩然若飞，似翠鸟之举也。"清朝的点翠首饰以头饰为多，如簪子、钿子、头冠，《雍正十二美人图·烛下缝衣》中的女子头上戴的便是点翠工艺的饰品。

此饰为长形簪，主体为银镀金花丝工艺的福寿三多造型，由石榴、桃实、蝙蝠、笙共组，以明蓝色和宝蓝色的翠鸟羽毛覆于其上，制作时镶嵌翠玉、碧玺和珍珠，金翠交映，体现丰富的层次感，更显整体华贵富丽，熠熠生辉。

衬色

点翠用的翠鸟羽枝大多疏密各异，下层羽毛的颜色透过羽枝间的缝隙显露出来，丝丝缕缕，夹杂在一起，衬托出上层颜色，使整体颜色更加丰富。

蝙蝠

笙

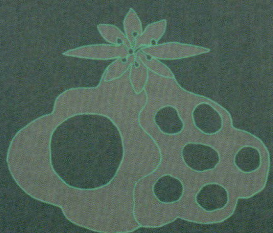

石榴

桃实

倚山面湖竹樹蒙密左右

支枝橋以通步屐潮可衝

十頃當秋深月皎瀲波

光接天無際蘇公隄畔

旦方茲勝槩

天光澳興水光結璘池館慶

圆明园
之秋

第六章

平湖秋月　調寄浣溪紗

倚山面湖竹樹蒙蒙者

西峰秀色：

园中小庐山，遥看瀑布挂前川

立秋之后，第一个节日是七夕。相传每年只有农历七月初七这天晚上，牛郎织女才能踏着鹊桥在银河相会。世间的姑娘们，也会在此时祭拜织女，祈求心灵手巧，因此七夕这一天，也被称为乞巧节。清朝宫廷对乞巧节非常重视，每年七夕，皇帝会率领嫔妃在圆明园"西峰秀色"的敞厅中乞巧，搭

日照香炉生紫烟，遥看瀑布挂前川。
飞流直下三千尺，疑是银河落九天。
——李白

小匡庐、园中小庐山

西峰秀色敞厅

建彩棚，放置象征乞巧的蛛盒，摆设各种瓜果，祭拜牵牛星和织女星。北侧另一过河敞厅早期为木板桥，乾隆中期将木板桥改建过河敞厅，名叫"花港观鱼"，取自杭州西湖十景之一的同名景观。"花港观鱼"西边还有一个小岛，岛上剑石嶙峋，青松劲挺，还有一座石碑，书刻乾隆皇帝御笔"长青洲"。

从"西峰秀色"的敞厅隔水而望，可以看到山上有瀑布激流折叠而下，这就是模仿庐山瀑布的"小匡庐"景观。在这里乞巧的同时，还能观赏瀑布，使人仿佛置身于"飞流直下三千尺，疑是银河落九天"的庐山瀑布面前。

苾芻

苾刍：西域草名，也指代名僧。白居易《东都十律大德长圣善寺钵塔院主智如和尚茶毗幢记》："前后讲毗尼三十会，度苾刍百千人。"

百卉凋零盡依然蠻翠惟此翁山腰蘭若雲遮

半一聲清磬風吹斷愁有苾芻單上条不如詩

客窓中玩結搆阮久蒼苔老花榭藥時相縈抱

憑欄送目無不佳趺榻怡神良復好春朝秋夜

值幾餘把卷時還讀我書齋外水田凡數頃載

晴量雨諮農夫清詞麗句篋中得消幾丁玉

壺刻但憶超庭十載前徊徨无語予心惻軒爽

明敞戶對西山皇考宧愛居此是地

垲地：地势高而干燥的地方。《宋书·律志序》："且关洛高垲，地少川源，是故镐、鄠、潓、滴，咸入礼典。"

垲地

看米点有童童鑒盖松重基特立孰与同三冬

接嶢峯等尺咫霜辰紅葉詩思杜雨夕綠螺畫

太古意詎惟其麗惟其宜西窗正對西山啟遙

垲地高軒架木為朱明颯爽如秋時不雕不斷

春花氣襲人宛入眾香國裏

袖後宇為含韻齋周植玉蘭十餘本方

軒檻洞達面臨翠巘西山爽氣在我襟

西峰秀色

乾隆御诗

西峰秀色

轩槛洞达，面临翠巘。西山爽气，在我襟袖。后宇为含韵斋，周植玉兰十余本。方春花气袭人，宛入众香国里。

垲地高轩架木为，朱明飒爽如秋时。
不雕不斲太古意，讵惟其丽惟其宜。
西窗正对西山启，遥接峣峰等尺咫。
霜辰红叶诗思杜，雨夕绿螺画看米。
亦有童童盘盖松，重基特立孰与同？
三冬百卉凋零尽，依然郁翠惟此翁。
山腰兰若云遮半，一声清磬风吹断。
疑有苾刍单上参，不如诗客窗中玩。
结构既久苍苔老，花棚药畤相萦抱。
凭栏送目无不佳，跌榻怡神良复好。
春朝秋夜值几余，把卷时还读我书。
斋外水田凡数顷，较晴量雨咨农夫。
清词丽句个中得，消几丁丁玉壶刻。
但忆趋庭十载前，徊徨无语予心恻。

十二月月令图·七月

　　画面远景的瀑布，自山上蜿蜒而下，恰是仿照庐山瀑布的景观。近景的水榭之上，宫中女子们正在举行七夕乞巧的聚会。

　　相传乞巧节习俗众多，最常见的有三种。一是穿针乞巧。七夕之夜，女子们聚在一起，在微弱的烛光下，全神贯注地将彩线穿过七孔针或九尾针，速度快者被视为心灵手巧。二是喜蛛应巧。七夕的前一天，女子们会捉来小蜘蛛，将其放在小盒子里。等到七夕这天打开盒子，看蜘蛛结网的情况。因为蜘蛛在古代被视为能够织网的灵物，人们通过观察蜘蛛织网来占卜自己是否心灵手巧。如果蜘蛛结的网又圆又密，就被认为是得到了"巧"。三是吃乞巧果。乞巧果一般是以油、面、糖、蜜等原材料制成的糕点。

木槿花

乞巧果

蛛丝乞巧

接露水

① 叽叽喳喳的枝头喜鹊

② 扑蝴蝶的孩子们

嵌玉艾叶蜘蛛簪

清

长 7.5 厘米，宽 2.7 厘米，厚 1.3 厘米。

此簪细长，簪首主体为雕琢成艾叶形状的玉，刻纹细腻，叶脉纹路清晰可见。玉叶斜向放置于簪上，叶尖垂向一侧，叶上趴着一只金嵌红宝石的蜘蛛，其上有一珍珠，蜘蛛旁边有一花朵，由珍珠与红宝石组成。一飘带自蜘蛛处延伸而出，如蔓枝环绕，其形弯曲优美，仿佛被风吹拂，于空中飞舞。飘带为点翠工艺，为簪首增加了一抹亮丽的蓝，丰富颜色的同时更具层次感。

簪首背面可见金属所制叶托与花托，金属纹理、缠绕痕迹明显，有凹凸感，玉叶背面叶脉痕迹平滑深刻，可见当时做工之细。

艾叶背面

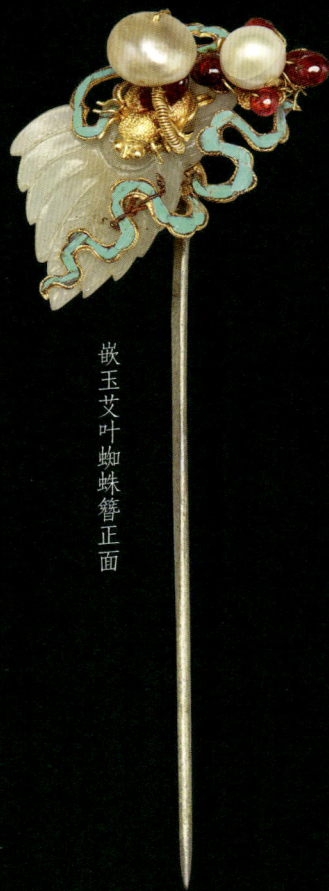

嵌玉艾叶蜘蛛簪正面

嵌玉艾叶蜘蛛簪背面

一种喜虫，可以预测喜事或用来占卜，常用拉着蛛丝下垂
的蜘蛛寓意"喜从天降"，而七夕时也有"喜蛛应巧"的
乞巧方式。

艾叶正面

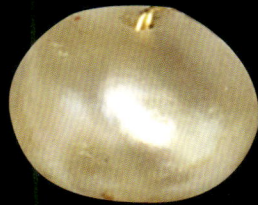

珍珠

栩栩如生的蜘蛛

红宝石

点翠"飘带"

蜘蛛图案

　　古人的发饰、香囊上常见蜘蛛图案，他们认为蜘蛛是
一种喜虫，可以预测喜事或用来占卜，常用拉着蛛丝下垂
的蜘蛛寓意"喜从天降"，而七夕时也有"喜蛛应巧"的
乞巧方式。

碧桐书院：
栽下梧桐树，引得凤凰来

圆明园里有一个隐秘的角落——"碧桐书院"。"碧桐书院"原名"梧桐院"，《诗经·卷阿》有云"凤凰鸣矣，于彼高岗。梧桐生矣，于彼朝阳"，古人认为梧桐树能招来凤凰，其蕴含的高洁品质以及所带来的清幽氛围，契合着书院这一文化场所的精神追求，因此，皇帝将这里作为读书、作画的好地方。

出入口

这里四面环山，几乎与外界隔绝，仅在西南角有出入口。庭院种植的大量梧桐树洒下的绿荫将小院笼罩其中，为秋天的燥气带来一片清凉。院中有精心设计的人工水系，其中有几间屋子，还架着天棚，更是挡住了"秋老虎"带来的暑气。乾隆皇帝在御诗中提到"前接平桥，环以带水。庭左右修梧数本、绿阴张盖，如置身清凉国土"，形象地描绘出了书院周边有平桥、流水以及梧桐成荫的景象。树荫、水池、天棚，使得这里尤为凉爽。书院并不需要好风景，只需要一个舒适安静的环境，能让人心平气和、愉悦安详，排除外界的干扰。

碧桐書院

前接平橋環以帶水庭

左右脩梧數本綠陰張

蓋如置身清涼國土每

遇雨聲踈滴尤足動我

詩情

月轉風迴翠影翻雨窗尤不

厭清喧即聲即色無聲色

莫問倪家獅子園

乾隆御诗

碧桐书院

前接平桥,环以带水。庭左右修梧数本,绿
阴张盖,如置身清凉国土。每遇雨声疏滴,尤
足动我诗情。

月转风回翠影翻,雨窗尤不厌清喧。
即声即色无声色,莫问倪家狮子园。

月轉風迴翠影翻雨窗尤不厭清喧耶聲丙色無聲色莫問倪家獅子園

喧：喧囂。陶淵明《飲酒》："結廬在人境，而無車馬喧。"

風迴：風折返。白居易《白蓮池泛舟》："白藕新花照水開，紅窗小舫信風回。"

倪家獅子園：此處以倪瓚繪制的《獅子林圖》代指獅子林園。

273

茂密的梧桐树叶

金凤头钗

东珠簪子与点翠簪

"寿"字纹衣襟

雍正十二美人图·桐荫品茶

　　茂密的梧桐树下，头戴金凤头钗的仕女坐在绣墩上，一手持薄纱团扇，一手持郎窑红釉杯，静心品茶。仕女身后的月亮门作为庭院中的重要建筑元素，具有独特的装饰性和空间引导作用。月亮门圆形造型柔和优美，与周围的方形建筑和直线条的回廊形成对比，增加了画面的柔和感与韵律感。重要的是，透过月亮门，我们可以看到室内左侧的黑漆描金书架，与碧桐书院"读书作画、修身养性"的意趣相契合。

郎窑红釉杯，
与仕女的衣服颜色相呼应。

梅花冰裂纹的薄纱团扇，
为暑气未消的初秋带来丝丝凉意。

画珐琅六开光的绣墩

开光，是指在坐墩或座椅的壁面镂出各种样式的空洞。这种设计既美观，又能够减轻坐具重量，便于抓手搬运。

郎窑红釉观音尊

清康熙
侈口，短颈，圈足。
高 44.8 厘米，口径 10.8 厘米，底径 13.5 厘米。

古代颜色釉中最鲜明醒目的就是红釉，红釉又分为高温红釉和低温红釉，其中高温红釉有很多闻名后世的代表，如明朝永乐时期的鲜红釉、清朝康熙时期的郎窑红釉、清朝雍正时期的祭红釉等。因需要高温烧造，且古代无法精准控制窑温，所以红釉烧造难度较高，在发色及釉色的纯净方面尤其需要注意，稍有不慎就会出现红色烧失、发黑或多气泡等情况，然而一旦烧成，便"明如镜，赤如血"，华美非常。

清朝康熙年间出现的郎窑红釉，比明朝的鲜红釉更为精致，色彩鲜艳，可媲美红宝石。

此器外壁通施红釉，口部的红色烧失，口沿处釉色较薄，足圈釉色深黑，由上面下，颜色渐深。釉面依稀可见细长纹和稀疏的气泡，口沿处不规则的冰裂纹较明显。内壁和足底施白釉，足底釉色泛黄，俗称"米汤底"。器内有一金属胆，猜测此器为盛花所用。

明如镜，赤如血。

米汤底

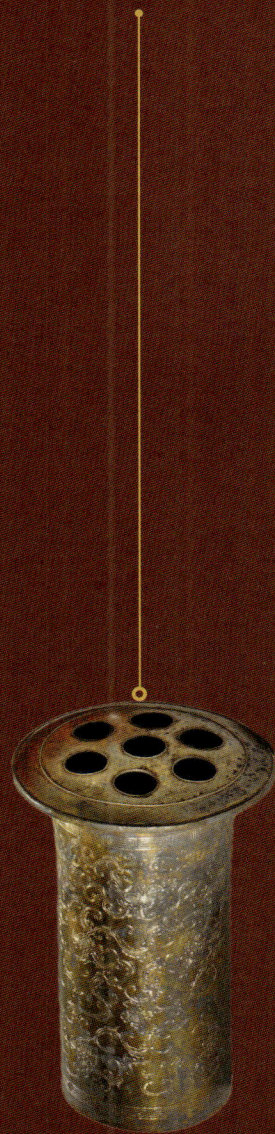

瓶内金属胆

◀ 观音尊 ▶

此器型创烧于清朝康熙时期，线条流畅，形似观音菩萨玉立之秀美体态，故得名。

平湖秋月：

当秋深月皎，一杯相劝舞霓裳

"明月几时有？把酒问青天。"每逢秋高气爽之时，皓月当空，水平如镜，明月与倒影交相辉映，让人产生"一色湖光万顷秋"的通感。这里就是福海北岸的"平湖秋月"。

起初，"平湖秋月"并没有固定的景址，人们往往在中秋之夜泛舟湖上，以欣赏月景为乐。直到康熙三十八年

中秋时节，曲折的游廊会挂上灯笼，人们在此处赏灯、赏月

（1699 年），康熙皇帝下江南巡游西湖时，在白堤亲自题写了"平湖秋月"的匾额，这一景点才固定下来。后来，雍正皇帝在圆明园中仿造了同名景点。其正殿为三间大殿，正殿北建有敞厅三间，中秋时节，曲折的游廊会挂上灯笼，人们聚集在此赏灯、赏月。

平湖秋月正殿东面有一座五孔吊桥，福海的大型游船可以通过吊桥进入北面的船坞。桥的东端高台之上建有一座重檐攒尖顶的亭子，名为"两峰插云亭"，取自西湖十景之一的"双峰插云"。秋高时节，帝后常来这座小亭登高望远、把酒叙情。

两峰插云亭，取自西湖十景之一的"双峰插云"

五孔吊桥，福海的大型游船可以通过吊桥进入北面的船坞。

蘇公

苏公：此处指代苏轼。

乾隆御题

平湖秋月

倚山面湖，竹树蒙密，左右支板桥，以通步屐。湖可数十顷。当秋深月皎，激滟波光，接天无际。苏公堤畔，差足方兹胜槩。

不辨天光与水光，
结璘池馆庆霄凉，
蓼烟荷露正苍茫。
白傅苏公风雅客，
一杯相劝舞霓裳，
此时谁不道钱塘？

霓裳：此处指代《霓裳羽衣曲》。白居易《琵琶行》："轻拢慢捻抹复挑，初为《霓裳》后《六幺》。"

霓裳

時誰不道錢塘

公風雅客一杯相勸舞霓裳此

霄涼蓼煙荷露正蒼茫白傅蘇

不辨天光與水光結璘池館慶

不辨：难以辨别。姚勔《赠定轩游季升》："海风吹潮浊如泥，咫尺不辨鱼与龟。"

平湖秋月　調寄浣溪紗

倚山面湖竹樹蒙密左右

支板橋以通步屐湖可敞

十頃當秋深月皎漱灧艷波

光接天無際蘇公隄畔差

是方兹滕犖

结璘

结璘：同"结鳞"，指代月神。《太平御览》："郁华赤文，与日同居，结鳞黄文，与月同居。郁华，日精；结鳞，月精也。"

十二月月令图·八月

秋月高悬，湖面如镜。圆明园里的人们沉醉于溶溶月色，或结伴秉烛夜游。

秉烛夜游是古往今来老少咸宜的乐事之一。"人生不满百，常怀千岁忧。昼短苦夜长，何不秉烛游。"《古诗十九首》中的记载，恰是平湖秋月中秋之夜众人心态的写照。无

独有偶，唐朝诗人李白在《春夜宴从弟桃花园序》中写道"夫天地者，万物之逆旅也；光阴者，百代之过客也。而浮生若梦，为欢几何？古人秉烛夜游，良有以也"，天地为旅舍，光阴为过客，人生如梦，更要在有限的时间里尽情享受生活、与友人及时行乐！

古人思秉烛夜游，良有以也。

——曹丕

浮生若梦，为欢几何？古人秉烛夜游，良有以也。

——李白

大型中国民乐演奏会，箫、笙、鼓、二胡、
云锣、铙钹、横笛、三弦……应有尽有。

神似苏轼的文士，
正在"把酒问青天"。

秉烛夜游的"老顽童"

283

月白缂丝云龙纹单朝袍

清乾隆

身长 148 厘米，两袖通长 190 厘米，袖口 16 厘米，下摆 146 厘米。
披领横 100 厘米，纵 33 厘米。

　　中秋之时，皇帝要举行迎寒和祭月之礼，应劭注《汉书》
曰："天子春朝日，秋夕月。"其中的"夕月"即祭拜月亮。此
月白缂丝云龙纹单朝袍为皇帝祭月时所穿礼服。

皇帝礼服上的纹样多以龙为主，龙的形态不一，有正龙、团龙、行龙等，如礼服前后及肩部饰正龙，腰帷前后及披领处饰行龙，襞积处饰团龙。除了龙纹，礼服前后还饰有十二章纹，即十二种吉祥纹样。《尚书·益稷》中有言："予欲观古人之象，日、月、星辰、山、龙、华虫，作会；宗彝、藻、火、粉米、黼、黻，绨绣，以五采彰施于五色，作服。"清朝皇帝礼服上的十二章纹，一般是日、月、星辰、山、龙、华虫、黼、黻在衣，宗彝、藻、火、粉米在裳。

火：火焰

粉米：白米

龙：一升一降二龙

华虫：雄鸡

月：月亮

山：重峦叠嶂

星辰：天上的行星

日：太阳

黻：两个相背的"弓"字形

黼：斧形

藻：水草的形状

宗彝：两个尊形器物

映水兰香：

心系农桑忙，稻花香里说丰年

《诗经·七月》有云："九月筑场圃，十月纳禾稼。黍稷重穋，禾麻菽麦。"秋天这收获的季节里，人们要忙着把黍、稷、麻、菽、麦等各种各样的农作物、谷物收进仓库，整理场地，储存粮食。皇帝正是为了实地了解民间的丰收景象，建造了"映水兰香"。

这里原名"多稼轩",周围有大片水田,还种植了许多的松树与绿竹。秋收时节,几顷的庄稼如同金黄的云彩一般,凉风吹过,稻谷飘香,一片"稻花香里说丰年"的诗情画意。在这里居住,对于皇帝来说,不仅意味着享受"农家院"式的休闲和野逸,更可以在亲近大自然的同时,早晚视察农耕。看到丰收的稻穗,比看到美玉还让人欣喜;闻到稻谷的香味,感觉比兰花更香。

映水兰香

在澹泊宁静少西，屋傍松竹交阴，翛然远俗。前有水田数棱，纵横绿荫之外，适凉风乍来，稻香徐引，八百鼻功德，兹为第一。

园居岂为事游观，早晚农功倚槛看。
数顷黄云黍雨润，千畦绿水稻风寒。
心田喜色良胜玉，鼻观真香不数兰。
日在豳风图画里，敢忘周颂命田官。

黄云：此处指代成熟的稻谷。高启《看刈禾》："黄云渐收尽，旷望空郊平。"

田官：农官。《盐铁论·复古》："孝武皇帝攘九夷，平百越，师旅数起，粮食不足。故立田官，置钱，入谷射官，救急赡不给。"

农功：务农。《左传》："政如农功，日夜思之，思其始而成其终。朝夕而行之，行无越思，如农之有畔。其过鲜矣。"

園居豈為事遊觀早晚農功倚

檻看數頃黄雲黍雨潤千畦綠

水稻風寒心田喜色良勝玉臭

觀真香不數蘭日在豳風圖畫

裏敢忘周頌命田官

游观：游览。苏轼《归去来集字十首》："风光归笑傲，云物寄游观。"

映水蘭香

在澹泊寧靜少西屋倚松

竹文蔭儵然遠俗前有水

田數棱縱橫綠蔭之外遠

涼風乍東稻香徐引八百

鼻功德茲焉第一

胤禛耕织图

为了记录自己对农业生产的关注，向父亲康熙皇帝展示自己对农民生活的了解和重视农桑的治国理念，还是皇四子的胤禛深入田地体验农耕生活，命画师精心绘制了一套《胤禛耕织图》。其中耕图、织图各23幅，共46幅，共同记录了古代稻米耕种、丝绸纺织的全流程。在这几幅图中，我们可以看到"沉迷"cosplay（角色扮演）的"四爷"胤禛把自己画进田野、蚕房之中，为天下农桑做示范。

黄釉牺耳尊

清乾隆

敞口，平底浅凹，圈足。

高 28.8 厘米，口径 19.2 厘米，底径 16 厘米。

　　此器形制为尊，自商朝有之，清朝常用作礼器，通体施黄釉，器底正中有三行六字"大清乾隆年制"篆款。根据《皇朝礼器图式》一书中的记载，"社稷坛正位尊"和"地坛正位尊"均为黄色瓷质，与此器相似，遂推测此器为清朝乾隆时期所使用的祭器。

　　在清朝祭祀中，黄色瓷尊为盛酒器，用于地坛、先农坛、先蚕坛，即是向地神、农耕之神、先蚕之神祈求风调雨顺、五谷丰登。

"大清乾隆年制"篆款

祭祀之器

　　在古代，官方烧造陶瓷的重要动机之一就是祭祀。延续"国之大事，在祀与戎"的传统，祭祀时不仅要重视神祇、祭祀官、仪式和袍服，对祭器的形制、材质、色泽也有严格的要求。至清朝，撰写了《皇朝礼器图式》一书来记录典章制度类器物的规范，"所述则皆昭代典章，事事得诸目验，故毫厘毕肖，分寸无讹，圣世鸿规，灿然明备"。

"牺耳"

澹泊宁静：

青山环绿水，武侯妙语时相逢

"非淡泊无以明志，非宁静无以致远。"这是武侯诸葛亮在《诫子书》里写给儿子的话，劝诫儿子看淡眼前的名利才会有明确的志向，静下心来学习才能实现远大的目标。

"澹泊宁静"的主体建筑是一个"田"字形大殿，始建

田字房，33间方形的屋子相连，形成一个"田"字，四个"口"分别为四个天井。

于雍正初年（1723年）。大殿共设三十三间房，四个"口"分别对应四个天井。田字房的四面都可以欣赏风景，北面是一片水田，雍正皇帝常在田地里亲自耕种，了解农民的疾苦，检验收成，确定当年的赋税。南面是一片平静的小湖，东面可见藤萝，西面则可欣赏稻田风光。乾隆皇帝累了的时候，很喜欢来到"澹泊宁静"进膳和休息，并为此景作诗"青山本来宁静体，绿水如斯澹泊容"，督促自己秉承"淡泊明志、宁静致远"的君子品格。

澹泊寧静
仿田字為房密室周遮塵
氛不到其外槐陰花蔓延
青級紫風水淪漣薲葭蒼
瑟澹泊相遭洵矣視之既
静其聽始遠
青山本來寧静體綠水如斯
澹泊容境有會心皆可樂武侯
妙語時相逢千秋之下對綸羽
溪煙嵐霧方重～

敬書

工部尚書臣汪由敦奉

澹泊宁静

仿田字为房,密室周遮,尘氛不到。其外槐阴花蔓,延青缀紫,风水沦涟,蒹葭苍瑟,澹泊相遭。洵矣视之既静,其听始远。

青山本来宁静体,绿水如斯澹泊容。
境有会心皆可乐,武侯妙语时相逢。
千秋之下对纶羽,溪烟岚雾方重重。

澹泊寧靜

仿田字為房密室周遮塵

氛不到其外槐陰花蔓延

青級紫風水淪漣蕙葭蒼

瑟澹泊相遭洵矢視之院

青山本來寧靜體綠水如斯

靜其聽始遠

妙語時相逢千秋之下對縑羽

澹泊客境有會心皆可樂武侯

溪煙嵐霧方重

劒敬書

工部尚書臣汪由敦奉

可乐：令人欢喜。苏轼《超然台记》："凡物皆有可观，苟有可观，皆有可乐，非必怪奇伟丽者也。"

武侯：此处指代诸葛亮。

澹泊：恬静，少私欲。陶渊明《闲情赋》："初，张衡作《定情赋》，蔡邕作《静情赋》，检逸辞而宗澹泊，始则荡以思虑，而终归闲正。"

299

十二月禁御图·中吕清和

　　"澹泊宁静"中"田"字形大殿令人联想到四四方方的四合院。四合院的历史可以追溯到西周时期，当时的四合院已经初具雏形，是一种较为规整的庭院式住宅。到了明清时期，四合院的发展达到了鼎盛，其布局通常由四面房屋围合而成，中间形成一个庭院。这种布局不仅将"天圆地方"的观念贯彻其中，同时有利于采光和通风。通过图中的垂花门罩、照壁和隔扇门，足以一窥这座四合院建筑细节的精妙。

① 隔扇门：上部为格心，由棂条组成，可透光透气；下部为裙板，可雕各种花纹，实心不透。如果想扩大空间，隔扇门也可以摘下来。

② 槛窗：上半部分是窗子，下半部分是砖砌的槛墙。

③ 照壁：也称影壁。中国文化讲究曲折有致，不能直来直去。照壁的作用就是家里的门打开后，不让他人直接看到里面，用一面墙壁遮挡他人的视线。

④ 垂花门罩：门罩左右各有一根悬空的垂花柱。

天井

回廊

卷卷

②

檻墻

③

性
御
基

301

万方安和：

四海皆安定，千秋万世享太平

这座造型独特，古往今来绝无仅有的建筑，就是后湖西侧水面上的"万字房"。"卍"字形楼宇投在湖面上的金光倒影，如同佛法金光，令乾隆皇帝着迷不已，于是命名此处为"万方安和"，寓意四海安定，为万世开太平。从高空俯

西南的殿宇可以做戏台，
人们在对面的长廊里隔水听声。

东南的殿宇也是临水码头，
皇帝一般是坐船到此。

瞰，整座建筑呈一个"卍"字形，仿佛太阳在放射闪闪金光；又好似一个巨大的风车浮在水面上，向东南西北延伸出四片叶片。这种罕见的建筑样式，表现出古代建筑师创新的精神和高超的技艺。

"万字房"共设三十三间房，四面临水，每间房的朝向都不同，随着太阳的方位变化与四季更替，每间房的温度也不同，真算是古代的"空调房"了！住在这里，可以随意选择温度适宜的房间。农历九月的秋景，色彩丰富，这里尤其宜居。

长廊上挂着蓝色的卷帘，
需要时可放下来遮阳挡风。

讴歌：歌颂。《孟子·万章上》："天下诸侯朝觐者，不之尧之子而之舜；讼狱者，不之尧之子而之舜；讴歌者，不讴歌尧之子而讴歌舜，故曰天也。"

傴波：用作颁发诰命的傴波书。《酉阳杂俎·广知》："召奏用虎爪，为不可学，以防诈伪。诰下用傴波书。"

万方：代指天下。《尚书·咸有一德》："皇天弗保，监于万方，启迪有命，眷求一德，俾作神主。"

紀隆御诗

万方安和

水心架构，形作卍字。略彴相通，遥望彼岸，奇花缬若绮绣。每高秋月夜，沉澄澄空，圆灵在镜。此百尺地宁非佛胸涌出宝光耶！

作室轩而豁，当年志若何。
万方归覆冒，一意愿安和。
触景怀承器，瞻题仰傴波。
九年遗泽在，四海尚讴歌。

作室：造房屋。《尚书·梓材》："若
作室家，既勤垣墉，惟其涂塈茨。若
作梓材，既勤朴斲，惟其涂丹雘。"

萬方安和

水心架搆形作卍字略彴

相通遙望彼岸奇花纈若

綺繡每高秋月夜沉瀅澄

空圓靈在鏡岨百尺地寧

非佛骨湧出寶光耶

十二月月令图·九月

"故人具鸡黍，邀我至田家。绿树村边合，青山郭外斜。开轩面场圃，把酒话桑麻。待到重阳日，还来就菊花。"孟浩然的诗句描绘了一幅重阳时节美丽的田园风光画卷。仔细看这幅《十二月月令图·九月》，案几后面的挂画，画着稻谷和螃蟹，呼应着秋天的氛围感。户外，人们将采集的菊花聚集到一处观赏，好似菊花大赛。除了赏花，大家还会相邀一起登高、野餐、游戏。

观赏菊花的女子

赏菊吟诗的文人

案几后面的先生

仔细看案几后面的挂画，画着的稻谷和螃蟹，呼应着秋天的氛围感。

饮酒赋诗

在山间席地而坐，玩击鼓传花的众人。

提水的姑娘

铜鎏金嵌宝石西洋钟

清

残高32厘米

出土于圆明园万方安和遗址。出土时钟体变形严重，外壳边缘环状装饰脱落、变形。钟表主要材质为铜合金，通体鎏金，表盘饰西洋蕃花纹饰，镶嵌宝石，下方有两头鹿驮起表盘。根据故宫博物院等收藏机构的同类藏品推测，钟表下部遗失部分较多。此钟表已由故宫博物院修复。（由圆明园管理处提供）

西洋蕃花纹

镶嵌各色宝石

变形脱落的环状装饰

鹿

洋彩蓝地金番莲纹胆瓶

清乾隆

圆口，长颈，圈足。

高 23.7 厘米，口径 3.2 厘米，底径 6 厘米。

蓝釉又称为"霁青"或"霁蓝"，是高温颜色釉。至明朝宣德年间，已可以烧出釉色稳定，釉面匀净，如蓝宝石般炫目的蓝釉瓷。清朝的蓝釉瓷多以描金彩或暗刻花纹为装饰，用于陈设或祭祀。

此器为胆瓶形制，通体施蓝釉，以金彩描绘纹样图案装饰其上，口沿为卷草纹，颈部绘璎珞纹、变形蝉纹，肩部绘菊纹、如意云纹，腹部则以缠枝西番莲纹为主要图案，底部边缘绘有一周莲瓣纹。器底中央为"大清乾隆年制"六字三行款识。

卷草纹

璎珞纹

菊纹

如意云纹

西番莲纹

瓶口

瓶颈

瓶肩

瓶腹

瓶底

311

日天琳宇：

太阳神坐镇，至高无上神仙殿

圆明园里有一处大型皇家寺院，在雍正年间建成，最初名为"佛楼"，后来被乾隆皇帝更名为"日天琳宇"。"琳宇"在古汉语中是对殿宇寺观的美称，而"日天"则是古印度太阳神的别称，是至高无上之神。因此，"日天琳宇"意指这里是至高无上、如日中天的神仙居住的宫殿。

西边并排这两座佛楼，由穿堂相连。西前楼奉玉皇大帝，中前楼奉关帝，凡楼宇上下皆供佛像及诸神位。

西南边的角楼，供太岁殿，太岁即值年的神仙，也叫值年神。

整个建筑群也通过密集的寺观建筑，营造出一个繁华的极乐世界。西边为并排的两组佛楼，两座佛楼后部各建有后罩楼，前后楼由穿堂楼相连接，正面作不对称处理。偏西的佛楼楼下殿内悬挂乾隆皇帝亲笔御书"日天琳宇"，楼上供奉玉皇大帝；偏东的佛楼外檐悬雍正皇帝御书"极乐世界"匾，楼上供奉关帝，两座佛楼都供有众多佛像及大量手抄经文。据记载，每年正月初九（玉皇大帝生日）和正月十五上元节，皇帝都要在此举行大规模祭拜活动。

日天琳宇

紫微丹地中立一化城截
斷紅塵覺同此山光水
色一時畫演圓音矣脩々
釋子㵎々禪栖踏著門
庭即此是普賢頋海
天外標化城不許紅塵雜雲
臺寶網中時有鐘魚答

乾隆御诗

日天琳宇

　　紫微丹地，中立一化城。截断红尘，觉同此山光水色，一时尽演圆音矣。修修释子，㵎㵎禅栖。踏著门庭，即此是普贤愿海。

　　天外标化城，不许红尘杂。
　　云台宝网中，时有钟鱼答。

日天琳宇
紫微丹地中立一化城截
断红尘觉同此山光水
色一时尽演圆音矣脩、
释子渺、禅栖踏著门
庭乃此是普贤顾海
天外标化城不许红尘杂云
壹宝网中时有钟鱼答

云台宝网：化用典故。《五灯会元》："曰：怎么则云台宝网，同演妙音。师曰：清遇何在？"

天外：极远之地。张衡《思玄赋》："廓荡荡其无涯兮，乃今穷乎天外。"

红尘：代指人世。孟浩然《同储十二洛阳道中作》："酒酣白日暮，走马入红尘。"

钟鱼：状如鲸鱼的撞钟木。张衡《东京赋》："发鲸鱼，铿华钟。"薛综注："海中大鱼名鲸，海岛中又有大兽名蒲牢，畏鲸鱼。鲸鱼一击，蒲牢辄大鸣呼。凡钟欲令大鸣，故作蒲牢于上，所以击之者鲸鱼。有篆刻文，故曰华钟也。"

胤禛行乐图

雍正皇帝不仅在《胤禛耕织图》里cosplay（角色扮演）农夫，还在《胤禛行乐图》里cosplay（角色扮演）各种文人雅士和神仙道长，如杖挑蒲团、溪头垂钓、洋装伏虎、竹林抚琴、执弓视雀、道服见龙、秋林观水、山野题壁、岩窟修行、水畔观瀑、临海观涛、仙桃戏猿、与兔共栖等。在"寻仙问道"上，他极尽所能，将儒释道各家的服装化妆道具都体验了一遍。

《胤禛行乐图·乘槎成仙》
雍正皇帝穿着道装，乘槎于海，仿佛下一秒就要成仙远去。

扫除一切烦恼

《胤禛行乐图·道装像》
雍正皇帝穿着道装，身侧山崖下有一条龙在海水中翻腾。暗喻雍正皇帝的道行可以降龙伏波。

松鼠见人不避，自由自在好松弛。

《胤禛行乐图·杖挑蒲团》
雍正皇帝以行脚僧的形象出现。

数着珠子，就忘了别的事。

《胤禛行乐图·喇嘛装》
雍正皇帝穿着喇嘛的服饰，手持法器，
面容庄重，邪魔（毒蛇）不能侵扰他。

月地云居：

月上云中居，晨钟暮鼓俱生辉

"月地云居"最初名为"清净地"，是一组幽静的园林寺庙建筑群。"月地"表示月亮，是夜晚的主宰，"云居"是云中居所。月地云居与日天琳宇相呼应，日为阳、月为阴，体现了阴阳融合、日月同辉的意境。

重檐搂大殿大殿，再向前体体的柱，所乾隆星房阁中"妙证无房"殿堂

钟楼

鼓楼

进入山门后，东西两侧的钟鼓楼遥相呼应。再往里，是一座方形重檐攒尖顶大殿，乾隆皇帝御笔的"妙证无声"熠熠生辉。过此殿后，则是五楹间的正殿，"月地云居"的匾额高悬，殿内供奉着代表过去、现在与未来的三世佛。据说乾隆皇帝十分虔诚，每月的初一、十五，只要他在圆明园居住，都会来"月地云居"上香行礼。

月地雲居　調寄清平樂

琳宮一區背山臨流松色翠
密與紅墻相映結楞嚴壇大
悲壇其中魚鯨齋唱風幡交
動繞過補特迦山又入室羅
筏城永明壽所謂宴坐水月
道場大作夢中佛事也

大千乾闥指上無真月覺海漚中
頭出沒是即那羅延窟何分西土
東天倩他裝點名園借使瞿曇重
現未肯參伊死禪

乾隆御诗

月地云居

　　琳宫一区，背山临流，松色翠密，与红墙相映，结楞严坛、大悲坛其中。鱼鲸齐唱，风幡交动。才过补特迦山，又入室罗筏城。永明寿所谓宴坐水月道场，大作梦中佛事也。

大千乾闼，指上无真月。
觉海沤中头出没，是即那罗延窟。
何分西土东天，倩他装点名园。
借使瞿昙重现，未肯参伊死禅。

320

大千乾闥指上無真月覺海漚中
頸出没是卬那羅延窟何分西土
東天倩他裝點名園借使瞿曇重
現未宥条伊苑禪

大千：代指大千世界。苏轼《端午遍游诸寺得禅字》："忽登最高塔，眼界穷大千。"

指月：佛教譬喻，以月比佛法。《楞严经》："如人以手指月示人，彼人因指，当应看月。若复观指，以为月体，此人岂唯亡失月轮，亦亡其指，何以故？以所标指，为明月故。岂唯亡指，亦复不识明之与暗。何以故？即以指体，为月明性，明暗二性，无所了故。"

名园：有名的园囿。李白《登金陵冶城西北谢安墩》："我来酌清波，于此树名园。"

瞿昙：释迦牟尼的姓，也代指佛。《辽史》："悉达太子者，西域净梵王子，姓瞿昙氏，名释迦牟尼。以其觉性，称之曰'佛'。"

雍正十二美人图·持表对菊

月地、云居，总让人联想起嫦娥仙子的居所。《雍正十二美人图·持表对菊》便绘制了深秋时节，园中一处"广寒宫"一般的居所。因为天气一天天寒冷起来，室内挂上御寒的布幔，宫中仕女头上也包裹了保暖的头巾。仕女身后的墙上，挂的是明朝书画大家董其昌的书法竖轴，落款"其昌"。

即使没听说过"董其昌"的名字，也一定听过他的这句话："读万卷书，行万里路。"这种知行合一的观念引导后来的画家和书法家在重视传统艺术理论的同时，投身于自然和社会之中。清朝的石涛强调"搜尽奇峰打草稿"，认为艺术创作当在游历中寻找灵感，与董其昌的理念一脉相承。

双耳白瓷瓶
瓶中菊花，点明了深秋时节。

衣襟上的玉佩，同时也是衣扣。

天体仪

黄道经纬仪

紫檀托架的铜镀金天文仪器

董其昌书法竖轴

西洋怀表

仕女跷起二郎腿

铜镀金壳画珐琅怀表

18世纪

英国制造

直径5.6厘米，厚3.3厘米。

　　此怀表为英国制造，根据机芯后夹板刻的款识"John Stockford"，可知怀表出自英国伦敦的钟表匠之手。怀表外有一表套，表套背面镶嵌有风景珐琅画，采用西洋笔触细描出由远及近的诸多建筑，建筑前的草地上有一男一女二人，男子身着蓝色上衣、红色裤子，头戴一顶黑色帽子，女子身着黄色外套、粉红裙子，头戴一顶黄色帽子，手持一物。整幅画色彩缤纷，建筑的蓝色屋顶与葱郁的绿色树木交相辉映，光影斑驳。

　　表壳为铜镀金材质，表盘为白珐琅，上有两个指针，计时数字有罗马数字和阿拉伯数字两种。机芯后夹板、发条上镂空雕刻细腻花纹。表外配有一铜镀金材质表链，表链花纹镂空，精致华丽。

鸿慈永祐：

鸿慈昭盛地，殿宇崇宏映古今

圆明园里不仅有用于理政的"正大光明"，休闲散心的"平湖秋月"，还有专门用来祭祀祖先的宗庙——"鸿慈永祐"，也称"安佑宫"。"鸿慈"的意思是大恩，"祐"的意思是福，"鸿慈永祐"意思就是感念先祖的大恩大福，希望祖先永远庇佑子孙，也承载着乾隆皇帝祈求先帝能够保佑清王朝江山永固的愿望。

凡是皇帝回到和离开圆明园之日，上元（农历正月十五）日、中元（农历七月十五）日、清明、皇帝本人生日及先皇诞辰、忌日等，皇帝都要到安佑宫叩拜祖先。青松翠柏包围着这里，穿过四座华表环绕的牌坊，经过汉白玉石桥，来到三座牌楼围成的小广场，高大的围墙里面就是气势磅礴的安佑宫。这是乾隆皇帝仿造景山寿皇殿的形制，为了供奉康熙、雍正两位先皇而修建的皇家宗庙。后来，乾隆、嘉庆、道光三帝驾崩之后，他们的画像也都陆续供奉在此。

这座九间正脊重檐歇山顶大殿，是圆明园内规格最高、体量最大的一座建筑。

皇祖

鴻慈永祐　苑西北地宸爽塏爰建殿寢敬奉

皇考神御以申罔極之懷堂廡崇閎中唐有俹朔望展禮偓愗見聞周垣喬松偓蓋鬱翠干霄望之起敬起愛

原廟衣冠古昔沿天興神御至今傳有永秩秩斯為美對越　昭昭儼在天春露秋霜興感切瞻雲就日致孚乾式思曩昔含飴澤敢缺因時獻果廙實實閟宮龍接宇深深元寢鳳翔筵羹墻如見依靈囿朔望來齋比奉先鈤器黄金仍兩序泠簫白玉備宮懸萬年佑啟垂謨烈繼序兢兢矢勉旃

乾隆御诗

鸿慈永祐

苑西北，地最爽垲。爰建殿寝，敬奉皇祖、皇考神御，以申罔极之怀。堂庑崇闳，中唐有俹。朔望展礼，偓愗见闻。周垣乔松偓盖，郁翠干霄，望之起敬起爱。

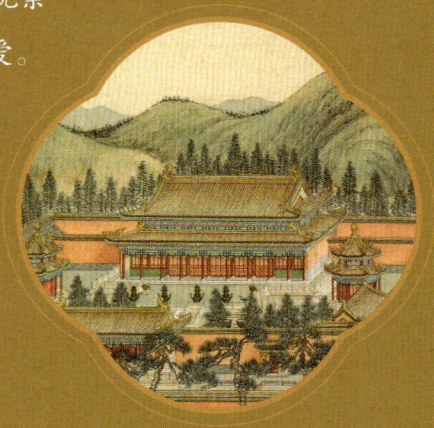

原庙衣冠古昔沿，天兴神御至今传。
有承秩秩斯为美，对越昭昭俨在天。
春露秋霜兴感切，瞻云就日致孚乾。
式思曩昔含饴泽，敢缺因时献果廙。
实实閟宫龙接宇，深深元寝凤翔筵。
羹墙如见依灵囿，朔望来斋比奉先。
鈤器黄金仍两序，泠箫白玉备宫悬。
万年佑启垂谟烈，继序兢兢矢勉旃。

鴻慈永祜

苑西北地宸爽塏爰建殿寢敬奉

皇祖

皇考神御以申罔極之懷堂廡崇閎中唐

有侐朔望展禮優愾見聞周垣髙松

偃蓋鬱翠干霄望之起敬起愛

原廟衣冠古昔沿天興神御至今傳有

永秩斯為美對越昭昭儼在天春露

秋霜興感切瞻雲就日致孚乾式思曩昔

舍飴澤敢缺因時獻果虔實實閟宮

龍接宇深元寢鳳翔遶羡墻如見依

靈囿朔望来齋比奉先釦器黄金仍兩

序泠簫白玉備宮懸萬年佑啓垂謨

烈繼序兢兢矢勉旃

含饴:含饴弄孙。《后汉书·皇后纪上》:"若阴阳调和,边境清静,然后行子之志。吾但当含饴弄孙,不能复关政矣。"

秩秩:肃静的样子。《诗经·小雅·宾之初筵》:"宾之初筵,左右秩秩。"

古昔:从前,昔日。《礼记·曲礼上》:"毋剿说,毋雷同,必则古昔,称先王。"

奉先:拜祭祖先。《尚书·太甲中》:"奉先思孝,接下思恭。"

实实:广大。《诗经·鲁颂·閟宫》:"閟宫有侐,实实枚枚。"

万年:万岁,长寿。《诗经·大雅·江汉》:"虎拜稽首,天子万年。"

勉旃:努力。杜甫《秋日夔府咏怀奉寄郑监李宾客一百韵》:"困学违从众,明公各勉旃。"

雍正帝祭先农坛图

随着圆明园被焚毁，我们已经无从寻觅当初皇帝在"鸿慈永祜"祭祀先皇的画面。幸好清朝的宫廷画家们为我们留下了一幅雍正皇帝祭祀先农坛的画卷，我们可以据此遥想，在先皇诞辰等特殊的日子，皇帝到安佑宫叩拜祖宗、献神主牌位、上祭品的场景。在祭祀过程中，皇帝会按照一定的顺序向祖先献上祭品。首先是献帛，然后依次是献爵（酒）、献牲、献馔（食物）等。在献上祭品的同时，还会有官员宣读祭文。祭祀完毕后，部分祭品会被分发给参与祭祀的官员和宗室等食用，寓意着祖先的恩泽惠及众人。

高台之上置桌案、香炉，黄色帐篷内设供案，案上置祭器。

皇帝走向祭坛

祭祀礼乐

龙云丹陛石

清

长 315 厘米，宽 130 厘米。

现存于北京大学西门内的鸿慈永祜遗物，分别为鸿慈永祜华表一对、石麒麟一对、安佑宫殿前丹陛石一块，这几件石刻均为民国时期从圆明园内运出放置在原燕京大学内的。这块龙云丹陛石，图案为二龙戏珠，体量较大、雕刻精美，多饰有云龙纹，侧面反映出鸿慈永祜一景的建筑规格。（由圆明园管理处提供）

二龙戏珠

315 厘米

龙云浮雕宽 100 厘米

寿山

祥云图案

江水

丹陛石

又称"陛阶石"，是帝王权利的象征，常设于古代宫殿、皇家庙宇或陵寝中，帝王可坐于辇上经行，旁人只能从两侧行走。丹陛石质料上乘，浮雕精细，一般取整块石头雕刻出祥云、寿山、瑞兽等图案。慈禧太后的陵寝前就有一块赫赫有名的"凤上龙下"丹陛石。

华表（数字化扫描成果）

清

通高 840 厘米，直径 80 厘米。

此华表原位于圆明园鸿慈永祜安佑宫前，今在北京大学西门内。华表为汉白玉雕刻，柱身表面浮雕流云，中间一条飞龙盘旋而上。柱顶上部横插着一块云片石，顶部蹲坐石吼。（由圆明园管理处提供）

石吼

80 厘米

840 厘米

飞龙盘旋

云片石

云片石

古代设于桥梁、宫殿或陵墓等处所前作为标志和装饰的柱子。一般为石质，柱身雕刻有蟠龙、祥云等纹饰，其上插云板，有蹲兽。北京天安门广场上便有两对汉白玉华表。

335

圆明园
之冬

茹古涵今：

翰墨书香韵，学海无涯苦作舟

说起博古通今、渊博无涯的学问境界，圆明园里有一处特殊的书房，名叫"茹古涵今"。"茹古涵今"出自唐朝皇甫湜写的《韩文公墓志铭》："茹古涵今，无有端涯。"意思是称赞韩愈对古代的事无所不知，对现代的事也很通晓，学问大到无边无涯。

画面中那栋高耸的四角重檐攒尖顶大殿，也叫"韶景轩"。每年到了冬季，皇帝常常在此与大臣们谈古论今、吟诗赏画。因此，这里还珍藏了历朝历代的许多书画珍品。据说"茹古涵今"的装修极为奢华，有部分屋里的隔断为楠木所制，窗框为紫檀木所制。二楼的走廊上还使用了西洋样式的栏杆。

韶景轩：四角重檐攒尖顶

广夏：通"广厦"，高大的房子。《汉书》："夫广夏之下，细旃之上，明师居前，劝诵在后。"

玉壶冰：譬喻高洁。鲍照《代白头吟》："直如朱丝绳，清如玉壶冰。"

旧学：昔日所学。朱熹《鹅湖寺和陆子寿》："旧学商量加邃密，新知培养转深沉。"

杜少陵：此处指代杜甫。

廣夏全無薄暑憑瀰然心境玉
壺冰時溫舊學寧無說欲去陳
言尚未能鳥語花香生靜悟松
風水月得佳朋今人不薄古人愛
我愛古人杜少陵

乾隆御诗

茹古涵今

长春仙馆之北，嘉树丛卉，生香蒻蒻，缭以曲垣，缀以周廊，邃馆明窗，牙签万轴，漱芳润，撷菁华。不薄今人爱古人，少陵斯言，实获我心。

广夏全无薄暑凭，洒然心境玉壶冰。
时温旧学宁无说，欲去陈言尚未能。
鸟语花香生静悟，松风水月得佳朋。
今人不薄古人爱，我爱古人杜少陵。

茹古涵今

長春仙館之北嘉樹叢卉

生香菊勃繪以曲垣級以周

廊邃館明窗平匲萬軸漱

芳潤擷菁華不薄今人愛

缝制冬衣　　　　拨弹阮琴

画室写像

十二月月令图·十月

初冬时节，寒风凛冽，人们的活动逐渐从户外转向室内。那么，室内的人们都在做些什么呢？女子们在内院弹奏乐器、缝制衣物、对坐下棋；男子们在室内鉴定金石，赏玩古画。

为了随时随地赏玩金石、古画，清朝皇帝命人制造了一种名叫"百什件"的器物。这种器物一般外表是一个匣子，匣中套盒，盒中有屉，屉中分格，每格放置古物珍玩一件。这样，皇帝可将中意之物随身携带，在层层叠叠的格屉间寻找乐趣。

赏玩书画

鉴定金石

洞天深处：

皇子也苦恼，三更眠来五更起

这是哪里呀？所有的房屋排列得整整齐齐，所有的院落几乎一模一样。这么规整严肃的地方，原来是皇子们生活和学习的上书房！"洞天深处"名称的由来与道家文化中对"洞天福地"的向往有关。乾隆皇帝在《洞天深处》诗序中写道："缘溪而东，径曲折如蚁盘……别有天地非人间（点出了洞天深处的含义）……予兄弟旧时读书舍也（回忆起了自己和兄弟在此读书的往事）。"

为了培养文能安邦治国、武能驰骋疆场的接班人，清朝的皇帝非常重视皇子的教育。皇子从五岁起开始读书，每天从早晨五点到下午三点，学习满、蒙、汉三种文字以及四书五经、诗词歌赋。为了陶冶情操和强健体魄，课余时间还得学习书画和骑马射箭。不仅如此，皇子的假期还少得可怜。一年之中只有元旦、端午、中秋、皇帝的生日以及自己的生日这五天可以放假，真没想到，清朝皇子上学就这么"卷"了！

洞天深霭

緣溪而東徑曲折如蟻盤短
椽陋室於奧為宜雜植卉木
紛紅駭綠幽巖石厂別有天
地非人間少南即前垂天睨
皇考御題予兄弟舊時讀書舍也
幽蘭泛重阿喬柯幕憩榭牝
盧窱細瀑時淙瀉瑟瑟竹籟秋亭
亭松月夜對此少淹留安知歲月
流顧為君子儒不作逍遙遊
乾隆甲子夏六月御製敬書

洞天深处

　　緣溪而东，径曲折如蚁盘。短椽陋室，于奥为宜。杂植卉木，纷红骇绿，幽岩石厂，别有天地非人间。少南即前垂天睨，皇考御题，予兄弟旧时读书舍也。

　　幽兰泛重阿，乔柯幕憩榭。
　　牝壑既虚寂，细瀑时淙泻。
　　瑟瑟竹籁秋，亭亭松月夜。
　　对此少淹留，安知岁月流？
　　愿为君子儒，不作逍遥游。

乔柯：高枝。陶渊明《杂诗·其十二》："年始三五间，乔柯何可倚。"

幽兰：兰花。屈原《楚辞·离骚》："时暧暧其将罢兮，结幽兰而延伫。"

洞天深靄

緣溪而東径曲折如蟻盤短

橢隂窒於奥爲宜雜植卉木

纷红駭绿幽巖石丁別有天

地非人間少南阿前垂天既

皇考御題子兄弟舊時读書舍也

幽蘭泛重阿高柯幕憩榭牝塵玩

虚寂細瀑時淙澙瑟竹籟秋亭

亭松月夜對此少淹留安知歲月

流顧爲君子儒不作逍遥遊

乾隆甲子夏六月御製

牝：溪谷。《大戴礼记》："丘陵为牡，溪谷为牝。"

淹留：逗留。屈原《楚辞·离骚》："时缤纷其变易兮，又何可以淹留？"

逍遥游：《庄子》中的篇名，指代无拘无束、悠然自得地游玩。苏轼《九日次定国韵》："会当无何乡，同作逍遥游。"

347

车队正在运送贡品

十二月月令图·十一月

初冬，天气寒冷，树木凋零，人们穿着厚厚的冬衣。有人冷得躲在室内踩着炭盆暖脚，但也有人乐得在室外活动筋骨、游戏蹴鞠。庭院里，可能是因为学业不佳，父亲正手持戒尺，要训诫儿子，一旁的老师和友人纷纷劝阻。水榭旁，有人在观赏难得一见的贡品——孔雀。孔雀立于树下，展开尾屏，羽色绚烂，以翠绿、亮绿、青蓝色为主。

孩童骑着火笼暖身子，大人踩着炭盆暖脚。

一群孩子正在捉迷藏

提着手炉暖手

孔雀开屏

掐丝珐琅五蝠献寿纹手炉

清
子母口，深壁，平底。
口径长 13.3 厘米。

　　手炉出现于明朝晚期，是冬季暖手用的器物，结构分为外壳和内胆两层，外壳可用不同的材质、工艺制作，内胆多为铜制，以燃炭供暖，一般装有提梁，便于携带。

　　此器为铜胎，掐丝珐琅工艺，整体呈方形，色彩斑斓。器表以蓝色珐琅为地，饰掐丝填绿、蓝、紫等色的云纹，相互缠绕，交错排列。其间有红色蝙蝠数只，围绕"寿"字纹盘旋，寓意"五蝠献寿"。

　　此器上方为一子母口盖及提梁，盖子镂空蝙蝠及云纹，中央为一掐丝珐琅"寿"字，盖缘饰以一圈回纹。

纹饰配色

回纹

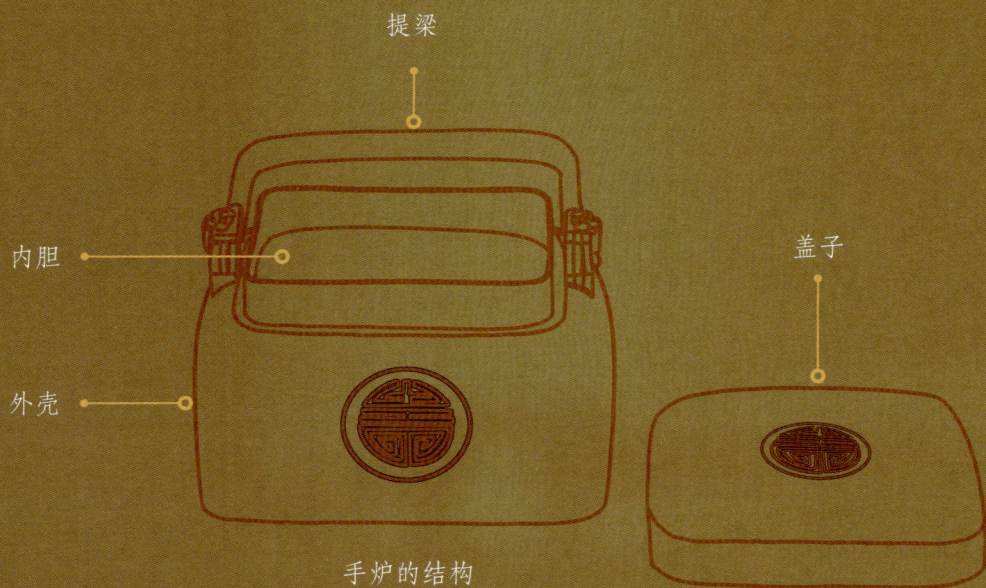

提梁

内胆

外壳

盖子

蝙蝠寓意"福"

手炉的结构

夹镜鸣琴：

两水夹明镜，飞泉相伴奏琴音

偌大的福海南岸，只见一座桥亭横跨水上，桥亭的屋檐下挂着"夹镜鸣琴"的匾额，意在借用李白"江城如画里，山晚望晴空。两水夹明镜，双桥落彩虹"的诗意来形容这里的风景。

坐上小船慢慢靠近，从桥洞穿行而过，开阔的水面一下子收缩为狭窄曲折的内港，两边的水面倒映着桥身与桥洞，宛如一面明镜。东边小山上的飞泉奔流，在石头上敲打出清脆的乐音，如同鸣琴之声。小山的山顶上还建有一座寺庙，名为"广育宫"。此时，山上的树叶已经染红，与绿色的湖水相映成趣，当傍晚寺庙的钟声响起，广育宫这一片被营造出一种类似西湖之畔"南屏晚钟"的意境。

江城如画里，山晚望晴空。
两水夹明镜，双桥落彩虹。
人烟寒橘柚，秋色老梧桐。
谁念北楼上，临风怀谢公。
　　　　　　——李白

小山上的广育宫

夹镜鸣琴亭

353

夹镜鸣琴 調寄水仙子

取李青蓮兩水夾明鏡詩
意架虹橋一道上撑傑閣
俯瞰澄泓畫欄倒影旁厓
懸瀑水衝激石鏄琤琮自
鳴猶識成連遺響
垂丝風裏木蘭船拍拍飛鳬破
渚煙臨淵无意漁人羡空明水
與天琹心莫説當年移情遠不
左绘付与成連

夹镜鸣琴

　　取李青莲"两水夹明镜"诗意，架虹桥一道，上构杰阁，俯瞰澄泓，画栏倒影，旁厓悬瀑，水冲激石蟆，琤琮自鸣，犹识成连遗响。

　　垂丝风里木兰船，拍拍飞凫破渚烟。
　　临渊无意渔人羡，空明水与天。
　　琴心莫说当年，移情远，不在弦，付与成连。

渚烟：笼罩于小洲上的烟雾。刘禹锡《酬湖州崔郎中见寄》："渚烟蕙兰动，溪雨虹蜺生。"

垂丝：如丝的枝条下垂。李白《侍从宜春苑奉诏赋龙池柳色初青听新莺百啭歌》："垂丝百尺挂雕楹，上有好鸟相和鸣，间关早得春风情。"

夹镜鸣琴 調寄水仙子

取李青蓮兩水夾明鏡詩

意架虹橋一道上撑傑閣

俯瞰澄泓畫欄倒影菊厓

懸瀑水衝激石鏺琤琮自

鳴猶識成連遺響

垂丝風裹木蘭船拍ヽ飛兔破

渚煙唫淵至意漁人羡空明水

與天瑔小莫說當年移情遠不

左絵付与成連

临渊：此处化用"临渊羡鱼"的典故。《汉书·董仲舒传》："临渊羡鱼，不如退而结网。"

移情：此处化用"伯牙学琴"的典故。《太平御览》："伯牙学琴于成连先生，三年不成。至于精神寂寞，情之专一，尚未能也。成连云：'吾师方子春今在东海中，能移人情。'乃与伯牙俱往，至蓬莱山，留宿伯牙曰：'子居习之，吾将迎师。'刺船而去，旬时不返。伯牙近望无人，但闻海水汩湁崩折之声，山林窅冥，群鸟悲号，怆然而叹曰：'先生将移我情。'乃援琴而歌。曲终，成连回，刺船迎之而还，伯牙遂为天下妙矣。"

十二月禁御图 · 黄钟畅月

《十二月禁御图·黄钟畅月》图中可见缓缓走入大殿的三位侍者，一位端着茶壶，一位手捧茶盏，另一位怀抱古琴，正步入这座地势较高的殿宇建筑。远处山色空蒙，河水萦带。除此之外，值得细看的是中国古建筑的一些经典样式。

庑殿顶庄重宏伟，以其一条正脊与四条垂脊勾勒出大气磅礴的轮廓，彰显至高无上的等级地位。歇山顶造型独特，正脊、垂脊与戗脊交织，恰似于屋脊间优雅"歇脚"，于庄重中多了几分灵动与变化。卷棚顶的双坡相交之处，没有明显的正脊，而是做成弧线，像卷起的屋棚。悬山顶的檩条（架在房梁上托住椽子的横木）大胆伸出山墙，在博风板的守护下展现别样韵味，而硬山顶则与山墙齐平，尽显质朴简约。

① 垂顶：垂脊向上并不交汇成正脊，而是形成一个平面，多出四条横脊首尾相连，又称圈脊。

② 硬山顶：屋顶只有两坡，但屋檐与山墙几乎齐平，并不伸出太多，便于采光防风。

③ 歇山顶：又称九脊顶，有一条正脊、四条垂脊、四条戗脊。由于垂脊与戗脊之间折断了一下，好像"歇一歇"，所以叫歇山顶。

④ 卷棚顶：又称元宝脊，屋顶的双坡相交之处，没有明显的正脊，而是做成弧线。

⑤ 悬山顶：又称挑山顶，类似硬山顶，但屋檐悬挑伸出山墙或立柱外，便于遮阳避雨。

垂脊　山花

卷棚顶 ②

悬山顶 ⑤

汇芳书院：

英才汇于此，佐我休明被万方

"汇芳书院"即汇聚天下英才群芳于此的书院，正如乾隆皇帝御诗中所写"菁莪棫朴育贤意，佐我休明被万方"，寄托了皇帝对教育和人才培养的重视，期望能够汇聚天下贤才，为国家的繁荣昌盛贡献力量。

此地位于半岛之上，三面环水，北面与陆地相接。院内还建有戏台，乾隆皇帝经常在此读书看戏。其中最引人注目的是湖边临水的那形如月牙的建筑——"眉月轩"。据说，冬天站在眉月轩顶的平台上，可以观赏到湖对岸仿自西湖十景的"断桥残雪"。

乾隆皇帝对汇芳书院情有独钟，常在此读书、看戏、研讨经史。

院内建有戏台

眉月轩

峯前
書院新開號彙芳不因葉錯與
華裳菁莪械樸育賢意佐我
休明被萬方

休明：盛世。孟浩然《送袁太祝尉豫章》："何幸遇休明，观光来上京。"

菁莪：育才。《诗经·小雅·菁菁者莪》："菁菁者莪，在彼中阿。"

乾隆御诗

汇芳书院

阶除闲散，草卉丛秀。东偏学月牙形，构小斋数椽。旁列虚亭，奇石负土争出，穴洞硌䃖，翠蔓蒙络，可攀扪而上。问津石室，何必灵鹫峰前？

书院新开号汇芳，不因叶错与华裳。
菁莪械朴育贤意，佐我休明被万方。

裳：此处指代衣服。《诗经·邶风·绿衣》："绿兮衣兮，绿衣黄裳。"

彙芳書院

階除間敞草卉叢秀東偏

學月牙形搆小齋數椽旁

列虛亭奇石負土爭出穴

洞谽谺翠蔓蒙絡可攀捫

而上問津石室何必靈鷲

书院：古代教育机构，始于唐朝。《新唐书·艺文志》："其后大明宫光顺门外、东都明福门外，皆创集贤书院，学士通籍出入。"

月曼清游图·围炉博古

下雪的冬日，室外是寒风中瑟瑟的枝叶，室内是玉兰在画卷中盛放，与冬日的寒冷形成鲜明对比，让人不禁联想起"冬天来了，春天还会远吗"。仕女们在室内点燃火盆，纷纷拿出珍藏的字画古玩，聚在一处赏玩。

书画、瓷器、青铜器等文玩，彰显着主人的品位与雅趣。

火盆，外罩薰笼，既防止烫伤，还可将东西放在薰笼上面烘烤。

月曼清游图·踏雪寻诗

　　仕女们在室内围炉对饮多时，身上暖洋洋，不由看着院中的雪景诗兴大发。正巧一踏雪寻诗而归的仕女步入院中，吸引了室内众人的注意。图中门窗的木格采用了与冬天相呼应的冰裂纹设计，门口布帘帷幔卷起，在夜晚可放下来保暖。

打着伞，提着手炉，踏雪而来，寻觅诗句的华服仕女。

青青翠竹上的白色积雪

臣陈枚恭画

北远山村：

民间理想国，牧笛渔歌农家乐

这座攒尖顶亭子前面接
一抱厦，名为观音庵

不见华丽的殿堂，只有简朴的村居，这里便是"北远山村"。这里的房屋多为模仿渔村农舍的农家小院，粉墙黛瓦，不施彩绘，与周围的自然环境融为一体。自东向西依次有兰野小屋、水村图、皆春阁。皆春阁是北远山村唯一的二层楼，也是最主要的一座建筑。每当皇帝因为国事烦忧时，会选择来这里小住几日，寻求田园生活的安详与宁静。这种体验与感受，和我们今日厌倦了城市的喧嚣，前往乡下"农家院"待上几天的心境颇为相似。

进入"北远山村"的水门

北远山村

循苑墙，度北关，村落鳞次，竹篱茅舍，巷陌交通，平畴远风，有牧笛渔歌与春杵应答。读王储田家诗，时遇此境。

北远山村

循苑墙，度北关，村落鳞次，竹篱茅舍，巷陌交通，平畴远风，有牧笛渔歌与春杵应答。读王储田家诗，时遇此境。

矮屋几楹渔舍，疏篱一带农家。
独速畦边秧马，更番岸上水车。
牧童牛背村笛，馌妇钗梁野花。
辋川图昔曾见，摩诘信不我遐。

独速：动摇的样子。范成大《科桑》："斧斤留得万枯株，独速槎牙立暝途。"

摩诘：此处指代王维。

楹：房屋的计量单位。《宋史·杜衍传》："寓南都凡十年，第室卑陋，才数十楹，居之裕如也。"

北遠山村

循苑墙度北閑村落鱗次

竹籬茅舍巷陌交通平疇

遠風有牧笛漁歌與春杵

應荅讀王儲田家詩時遇

此境

矮屋幾楹漁舍踈籬一帶農家獨

速睖邊秧馬更畚峠上水車牧童

牛背村笛馌歸釰果野花輞川圖

昔曾見摩詰信不我遲

輞川：此处指代王维绘制的《輞川图》。

馌：到田间送饭。《诗经·豳风·七月》："同我妇子，馌彼南亩，田畯至喜。"

圆明园山水楼阁图之十

在《圆明园山水楼阁图之十》描绘的寒冬图景中，可以清晰地看到画家所记录的"北远山村"，展现出一派"暖暖远人村，依依墟里烟"的农家气息。圆明园里面的建筑，大部分是覆盖琉璃瓦的宫殿，但也有一小部分是园中吏员与工匠等杂役的居所，这些房屋比较低矮、朴素，屋顶多由黄色的茅草铺成。高级一点儿的，铺有黑色的瓦片。这种情景在"北远山村"最为常见。

圆明园山水楼阁图之十二

远处的围墙和城楼，正是圆明园的北门

茅屋内坐久伏案思考的文人

陈枚恭画

鱼跃鸢飞：

鱼戏荷叶间，鸢翔天际乐同归

"鱼跃鸢飞"出自《诗经·大雅·旱麓》："鸢飞戾天，鱼跃于渊。"意指世间万物各得其所，自由自在。"鱼跃鸢飞"的主楼是重檐四角攒尖顶的庞然大殿，攒尖顶没有正脊，四角向上翘起，如同飞鸟展翅，造型优美，线条流畅。大殿比

水井

农具

西式栏杆

鹿皮石墙

周围低矮的农舍高出一大截，因此也是观赏湖光山色与乡村风光的绝佳地点。它北面的不远处就是圆明园的北门，园内的农夫、养殖户、工匠、浣娘等各种杂役，都从北门进出。皇帝在大殿楼上观赏湖山胜景的同时，还能一览贩夫走卒等各色人忙忙碌碌的身影。在他看来，这就是各司其职、各得其乐的民间"理想国"。

中式什锦窗廊

魚躍鳶飛

榱桷翼翼戸牖四達曲
水周遭儼如縈帶兩
岸村舍鱗次晨烟暮靄
蓊欝平林眼前物色
活潑潑地
心無塵常惺境惬賞爲美川
泳与雲飛物物含至理

乾隆御诗

鱼跃鸢飞

榱桷翼翼，户牖四达，曲水周遭，俨如
萦带。两岸村舍鳞次，晨烟暮霭，蓊郁平林。
眼前物色，活泼泼地。

心无尘常惺，境惬赏为美。
川泳与云飞，物物含至理。

常惺：此处化用佛教用语"常惺惺"，指头脑长时间清醒。

魚躍鳶飛

榱桷翼～户牖四達曲

水周遭儼如紫帶雨

呀村舍鱗次晨烟暮靄

菊蘩平林眼前物色

活潑～地

心無塵常惺境愜賞為美川

泳与雲飛物～舍至理

愜：满足。李华《寄题赵七侍御》："心愜赏未足，川迥失前峰。"

云飞：此处指代鸟飞于云。

十二月禁御图 · 太簇始和

　　然而，"理想国"只存在于皇帝的想象，现实中的老百姓是否能如愿过上幸福生活呢？"鱼跃鸢飞"的楼阁已然在火海中化为灰烬。不过，在《十二月禁御图·太簇始和》中，有一座重檐四角攒尖顶大殿与"鱼跃鸢飞"的楼阁极为相似。这座两层楼阁及周围的庭院，此时正张灯结彩，尽显皇家建筑的气派。尤其是旁边那堵虎皮石墙，中间开出一个月洞门，周围奇石盆景、石桌石墩设计精巧，颇为雅致美观。

攒尖顶：顶坡在建筑的最高处汇聚为一点，形成尖顶的样式。根据垂脊的数量多少，常见四角、六角、八角或圆攒尖顶等。

371

涵虚朗鉴：

水天明如镜，虚怀若谷心自宽

　　"涵虚朗鉴"在福海东岸，仿照杭州西湖的"雷峰夕照"而建。涵，意为包含。虚，喻指天空。天空无穷大，怎么能被包含呢？只能是水映天空。朗鉴，就是明朗的镜子。"涵虚朗鉴"的意思是将清澈的福海水面比作一面镜子，譬喻君子要明朗待人。

　　涵虚朗鉴的主体建筑为雷峰夕照殿，坐东朝西，是一座面阔三间的大殿。站在雷峰夕照殿内向西眺望，福海的广阔湖面尽收眼底。夕阳斜照之下，这里是眺望湖光与西山晚霞

的绝佳位置。在雷峰夕照殿的南北两侧，分别建有两座八角攒尖顶的亭子，名为"惠如春"和"寻云榭"。建筑群的北侧是一座四方重檐攒尖亭，南边是平台、栏杆以及与亭子对称的殿阁，东边有宝瓶门供人进出，墙上是一排什锦窗。什锦窗形状多种多样，各种图案均采自造型优美的器皿、花卉与几何图形，如玉壶、扇面、寿桃、五方等。经过此处时透过窗洞观赏福海的景致，别有一番感觉。

四方重檐攒尖亭

宝瓶门与什锦窗

平台、栏杆与殿阁

涵虛朗鑑

結宇福海之東左右雲隄紆
委千章層青面前巨浸空
澄一泓淨碧日月出入雲霞
卷舒遠山煙嵐近水樓閣來
不迎而去不距莫不落其度
內如如焉亦無如如者吾得
之於濠上也

涵虛斯朗鑑鑑朗在虛涵
契元理悠然對碧潭雲山同妙
靜魚鳥適清酣天水相忘豪空
明共我三

涵虚朗鉴

结宇福海之东,左右云堤纡委,千章层青。面前巨浸空澄,一泓净碧。
日月出入,云霞卷舒。远山烟岚,近水楼阁,来不迎而去不距,莫不落
其度内。如如焉,亦无如如者,吾得之于濠上也。

涵虚斯朗鉴,鉴朗在虚涵。
即此契元理,悠然对碧潭。
云山同妙静,鱼鸟适清酣。
天水相忘处,空明共我三。

涵虛朗鑑

結宇福海之東左右雲隄行

委千章層青面前巨浸空

澄一泓淨碧日月出入雲霞

卷舒遠山煙嵐近水樓閣來

不迎而去不距莫不藏其度

內如、焉众無如、者吾得

之於濠上也

涵君斯朗鑑鑒胡在君涵即此

契元理悠兹對碧潭雲山同妙

靜魚鳥適清酣天水相忘寥空

明共我三

我三：此处化用李白"举杯邀明月，对影成三人"。

元理：玄妙的道理。张居正《七贤咏·阮步兵》："郁彼咏怀言，寄辞蕴元理。"

朗鉴：明镜。陆机《君子行》："朗鉴岂远假，取之在倾冠。"

清酣：风清水澈。苏轼《西太一见王荆公旧诗偶次其韵二首·其一》："秋早川原净丽，雨余风日清酣。"

雍正十二美人图·博古幽思

漫长的冬日时光里，待在居室之中的宫中女子是怎样生活的呢？

坐于斑竹椅上的仕女内穿朱红色袍，外披紫檀色外套，衣领为绿底黑花，手持碧色丝巾，下裙边角则是淡藕荷色，衣袖边还露出一抹水蓝，正垂目沉思中。她的侧身环绕着黄花梨多宝格，格上陈列着各种瓷器、青铜器、图书等物件，映衬出仕女博古雅玩的闺中情趣。古代女子的活动范围虽然相对有限，但依然能通过读书、赏画、玩古等方式丰富自己的内心世界。

红釉僧帽壶

白玉四足壶

仿哥窑葫芦瓶

汝窑无纹水仙盆

群喜镜台

黄花梨安楠木多宝格
（多宝格又称博古架）

铜兽耳扁壶

斑竹椅
（斑竹又称湘妃竹、泪竹）

群兽镜台

清乾隆

宽 23.5 厘米，通高 24 厘米，厚 1.2 厘米。

此镜台中镶透空和田玉支架，底部浮雕山岳，山岳顶端有云雾宛如鸟儿展开双翅般向两侧延伸，流畅勾勒外形轮廓；云间可见珍禽异兽嬉游，最下层的云端趴着一对羊，羊尾处各有一只回首雀鸟，其上一层两侧有兽首相对，所对正为中央蝙蝠之处，再上一层云间有异兽两对，呈对吼状。两只回首鹊鸟的鸟首恰在白玉下方沁褐处，巧雕成突起的挂镜镜托。

此镜台所配铜镜背部有繁复花纹，凸起半球钮，中穿一黄线钮绳，钮绳上配一玉管。木屏座镂空，浮雕卷草纹等纹饰，底部刻有"乾隆年制"四字，设有可卸式背板，当铜镜不使用时，可收纳其中。木屏背面阴刻填金御制诗："巧琢和田玉，浑成开府台。采花初未识，纳聘讶徒猜。明倚辟邪镜，祥同照世杯。奇珍非所诩，惟是识招徕。"下刻"乾隆宸翰"印。

相似镜台见于清朝雍正时期《雍正十二美人图·博古幽思》的陈设中。

背板

可卸式背板

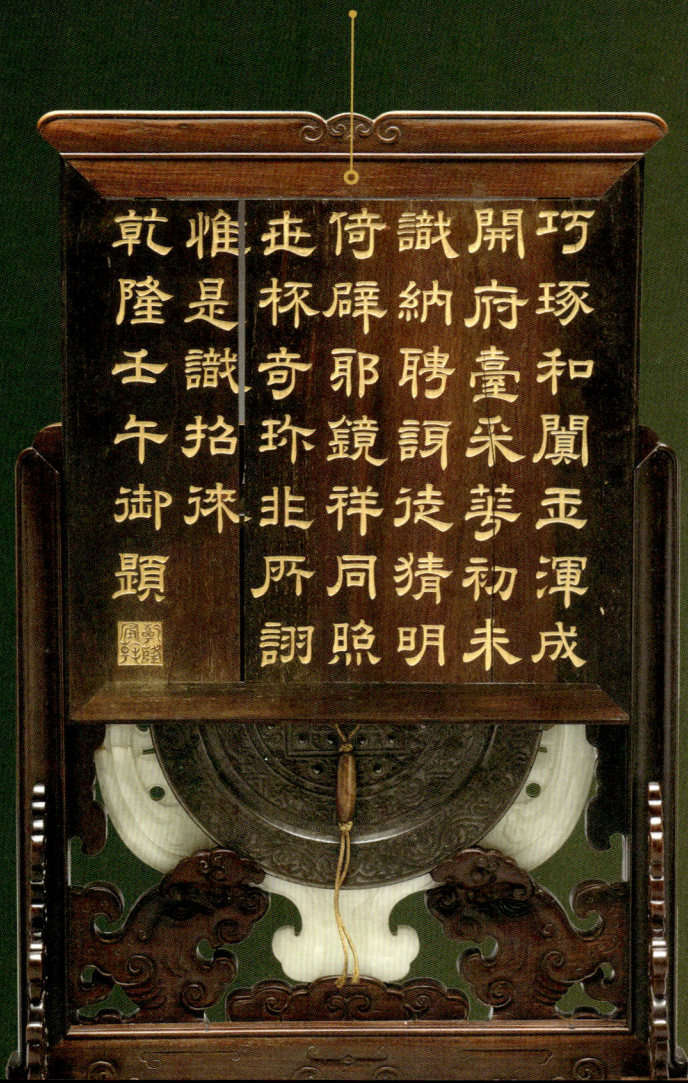

和田玉支架

木架

铜镜正面　　　　　　　　　铜镜背面

花纹

玉管

铜镜

对叫状异兽

蝙蝠

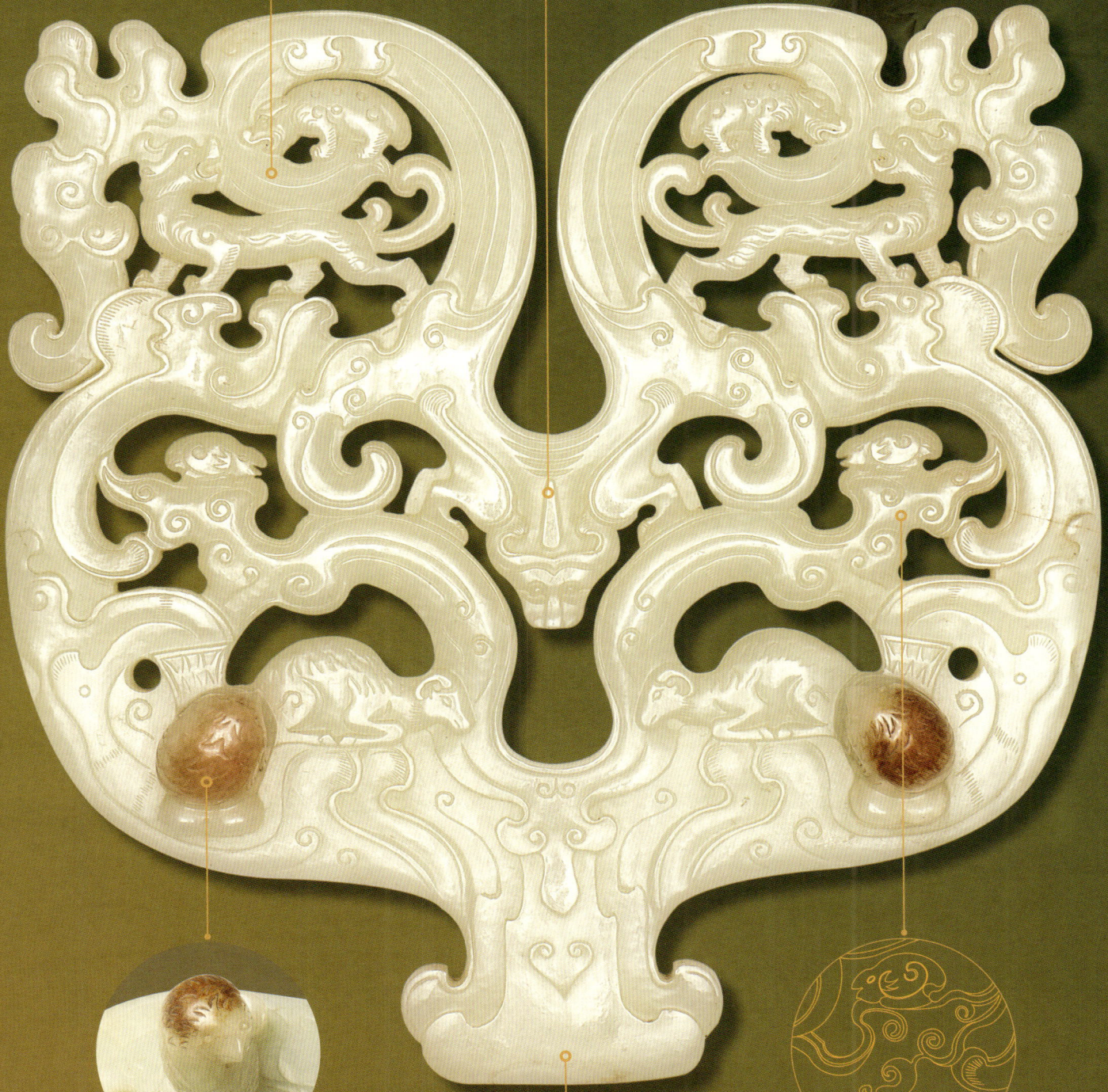

回首鹊鸟做镜托

浮雕山岳

异兽

接秀山房：

秀峰湖岸立，琴音松竹伴书朋

　　"接秀山房"位于福海东南岸，源于乾隆皇帝的诗句"户接西山秀，窗临北渚澄"，即前接西山秀色，侧对水岸澄澈。其北部与"涵虚朗鉴"相邻，建筑形式也相似，都是沿岸布置，一南一北相呼应。利用临湖靠岸的自然位置，这里展现出一片独特的建筑线：门一打开，西山的秀色便扑面而来；而推开侧边的窗子，北边的水岸美景则尽收眼底。乾隆皇帝为此赋诗"琴书吾所好，松竹古之朋"，琴音书香，松竹为伴，这里正是他心中理想的居所。表达了对接秀山房内雅致生活的赞许。

　　据记载，"接秀山房"整个宫殿的房梁、柱子、门窗和家具都采用了珍贵的檀木，甚至镶嵌金银珠宝，镂刻山水楼阁、人物花鸟。这里的主殿为西向三间大殿，檐下挂雍正皇帝御笔"接秀山房"匾额。最南部的院落于嘉庆二十二年（1817年）改建成观澜堂，是福海沿岸最大的建筑。据记载，嘉庆、道光、咸丰三位皇帝都常来观澜堂小住。

揽翠亭

云锦墅

观澜堂

接秀山房
平冈萦迴碧沚傅蓄虚馆
间～境獨夷旷隔岸数峰
逞秀朝岚霏青返照添紫
氣象萬千真目不给赏情
不周玩也
烟霞供润沰朝暮看遣興戶接
西山秀窻臨北渚澄琴書吾所
好松竹古之朋仿佛雲林衲携
筇共我登

乾隆御诗

接秀山房

平冈萦回，碧沚停蓄，虚馆闲闲，境独夷旷。隔岸数峰逞秀，
朝岚霏青，返照添紫，气象万千，真目不给赏，情不周玩也。

烟霞供润沰，朝暮看遥兴。
户接西山秀，窗临北渚澄。
琴书吾所好，松竹古之朋。
仿佛云林衲，携筇共我登。

接秀山房

平冈萦迴碧沚傅蓄虚馆

间々境独夷旷隔岸数峰

逞秀朝岚霏青返照添紫

氣象萬千真目不给賞情

不周玩也

烟霞供润沺朝暮看遣興户接

西山秀窗临北渚澄琴書吾所

好松竹古之朋仿佛雲林衲攜

筇共我登

遥兴：远行。颜延之《宋郊祀歌·其二》："遥兴远驾，暆暆振振。"

衲：此处指代僧侣。

雍正十二美人图·裘装对镜

深冬时节，这位仕女头戴裘皮头箍，既保暖又时尚。腰间悬挂的玉佩，红白相间，精致典雅。她一手搭在暖手炉上御寒，一手揽着铜镜自照。暖手炉、铜镜之上，皆刻有精美的花纹，显示出精湛的制作工艺。窗台上一簇盛开的水仙盆景，让人感觉室内温暖如春，似乎与外界的寒冷隔绝了。

墙上的行草书法挂轴，放大落款，竟是雍正皇帝亲笔所书。雍正皇帝做皇子时曾以"破尘居士"为号，表达看破名利、不争皇位的姿态。两枚印章上的刻字是"壶中天"与"圆明主人"。然而"夫唯不争，故天下莫能与之争"，最终他还是成了一代帝王。

竹架放置卷轴

窑变釉菱形花盆里水仙娇艳，给空间增添了温馨与生机。

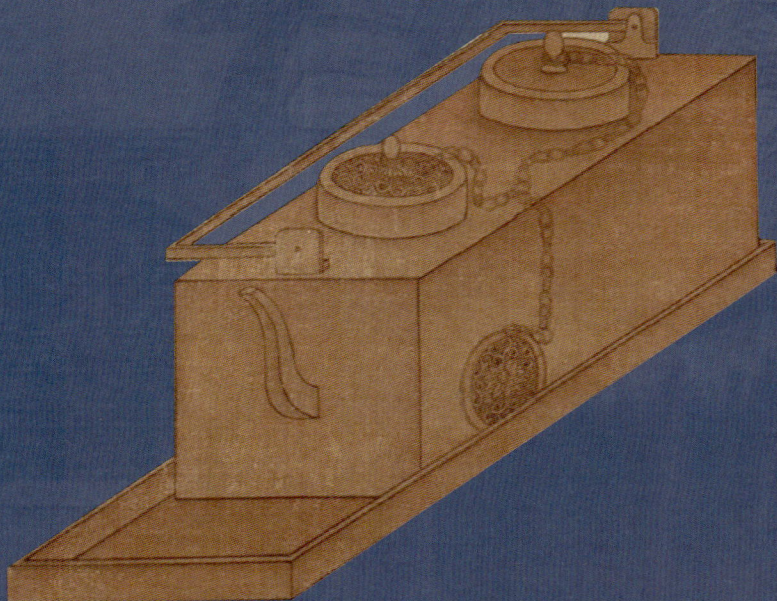

长方烧水壶，可以取暖，
还可烧水，实用至极。

枯藤老树坐榻，极有自然之趣。

裘皮头箍

红白相间的玉佩

窑变釉海棠式花觚

清乾隆
鼓腹，圈足。
高 26.7 厘米，口径 22 厘米，底径 10 厘米。

瓷器烧成过程中，多种金属元素自然结合，产生意料之外的混合颜色，可称为窑变釉瓷。此类瓷器往往若云蒸霞蔚，绚丽非常。清朝最有名的窑变釉瓷，当属雍正、乾隆年间由景德镇御窑烧造的，其釉色璀璨夺目，被视为有祥瑞之意的珍品。

此器便为清朝乾隆年间烧制的窑变釉瓷，仿青铜器觚形，器口为四瓣海棠花形。通体外施窑变釉，釉呈流淌状，红、靛、天蓝、月白等多色深浅混杂流动。器内为浅月白蓝色。器底施酱釉，中心印"大清乾隆年制"六字篆书款。

大清乾隆年制

多色混杂

器底施酱釉

觚

形似喇叭，为古代饮酒器。新石器时代便有陶觚出现，商朝则多为青铜觚，到元、明、清时，瓷质仿青铜觚形花瓶为人喜爱，也被称为"花觚"。

器口为四瓣海棠花形

别有洞天：

洞隐幽林处，炼丹得道好"成仙"

这里是圆明园最宁静清幽的边缘区域，藏在福海东南边一个僻静的角落里。道教把神仙居住的地方叫做"洞天"，此处名称为"别有洞天"，源于这里独特的洞壑景观。

据史料记载，从雍正八年（1730 年）到雍正十三年（1735

年）这五年间，雍正皇帝先后 157 次下旨向圆明园运送炼丹所需物品，其中光炼丹用的煤炭就有 234 吨，此外还有大量矿银、红铜、黑铅、硫黄等矿产品。仅雍正八年（1730 年），雍正皇帝就下令给这里送了桑柴 1500 斤、白炭 1400 斤、红炉炭 200 斤、黑炭 100 斤，好煤 200 斤、渣煤 1000 斤。这是

要干什么？原来雍正皇帝要像太上老君一样，开炉炼丹。据说雍正皇帝是中国古代最后一位迷信服食丹药可以长生不死的皇帝，为了避人耳目，于是选择了藏在水关背后的"别有洞天"作为炼丹的地方。

别有洞天

苑墙东出水关，曰秀清村。长薄疏林，映带庄墅，自有尘外致。正不必倾岑峻碅，阻绝恒蹊，罕得津逮也。

乾隆御诗

别有洞天

苑墙东出水关，曰秀清村。长薄疏林，映带庄墅，自有尘外致。正不必倾岑峻碅，阻绝恒蹊，罕得津逮也。

几席绝尘嚣，草木清且淑。
即此凌霞标，何须三十六？

霞标：此处指赤城山上的标记。孙绰《天台山赋》："赤城霞起而建标，瀑布飞流以界道。"

几席：几和席，几是古人坐时凭依的家具，席是古人坐或卧时铺设之物。杜牧《华清宫三十韵》："几席延尧舜，轩墀立禹汤。"

别有洞天

苑墙东出水关曰秀清

村长薄疎林映带庄墅

自有尘外致匹不必倾

岑峻硐阻绝恒蹊窂淂

津逮也

几席绝尘嚣草木清且淑印

此凌霞標何須三十六

淑：美好。苏轼《寓居定惠院之东杂花满山有海棠一株土人不知贵也》："雨中有泪亦凄怆，月下无人更清淑。"

三十六：此处指代传说中神仙居住的洞天之所。李白《奉饯十七翁二十四翁寻桃花源序》："石洞来入，晨光尽开。有良田名池，竹果森列。三十六洞，别为一天耶？"

十二月月令图·十二月

即使是寒冬腊月，也锁不住人们跑到户外玩耍的心。看看岁末年终时节，古人都在玩什么！俗话说"三九四九冰上走"，自然少不了滑冰船这个老少皆宜的活动。古代冰船也叫冰床，冰床一般可坐三四人，前面有人拉着前进，因此又称"拖床"。坐在冰床上面可以一边欣赏圆明园冬季的雪景和园林风光，一边感受在冰上飞驰的乐趣。

划冰船

此处有些建筑的设计受到西洋风格的影响，反映出当时皇家园林的创新趣味。

堆雪狮子

窗边赏鹿

围炉品酒，梅下赋诗。

捶丸

踢毽子

青玉老人山子

明晚期
高19厘米，宽14厘米，厚7厘米。

　　此件器物1985年出土于圆明园别有洞天遗址，质地为青玉，采用立体圆雕的技法。用写意的手法表现出嶙峋的奇石，两位长髯的老者并排端坐在山中，面带微笑，神态和蔼，宛如两位隐士在山林中静坐休憩，吟诗作赋。人物的神态生动，须发、衣纹雕刻得清晰流畅。此山子原应有底座，出土时已遗失。（由圆明园管理处提供）

长髯的老者

铜鎏金珐琅香筒

清

直径6厘米，高25厘米。

此文物1985年出土于圆明园别有洞天遗址。上面镂空雕刻着五爪金龙在云中翻腾，若隐若现，把龙的高贵神秘和威猛矫健表现得淋漓尽致。但因经历了大火焚烧和土埋腐蚀等多种破坏，出土时已面目全非，亭式顶和基座遗失，中部的香筒珐琅彩脱落严重，仅在部分云纹上还残存有一些红色和绿色的珐琅彩，完全丧失了它华丽的本来面目。（由圆明园管理处提供）

五爪金龙

绿色珐琅彩残痕

红色珐琅彩残痕

402

香筒

又称香亭，一般是由上部亭式顶、中部的香筒和下部的基座组成，陈设在皇帝御座周围，兼具装饰性和实用性。

铜胎珐琅

铜胎珐琅器是将一种玻璃质的釉料附着在金属表面。它既有金属贵重、坚固的特点，又具备珐琅釉料晶莹、光滑美观的特征，两者相结合呈现出五彩斑斓的立体艺术效果。

緣溪需棗徑曲折如蟻鹽短
椽陰室深奧為宜雜植卉木
紛紅駭綠幽巖石丁別有天
地非人間少南卽前泰天眼
御題子兄弟舊時讀書舍也
惢重阿喬柯幕想榭忱密院
細溧時深隝瑟瑟竹嶺秋草

圆明园
之西洋楼

第八章

西洋楼：

长春园里，中西合璧

乾隆皇帝登基后，继续在圆明园里面"岁岁营构，日日修华"，终于在乾隆九年（1744 年）完成了圆明园四十景的修建，紧接着在圆明园东侧新建了"长春园"。

乾隆三十四年（1769 年），圆明园东南相邻的几个小园子，被乾隆皇帝合并为"绮春园"，与"圆明园""长春园"一起形成了倒"品"字形的三园布局，这就是广义的圆明园或者说"圆明三园"（狭义的圆明园，只指西边包含四十景的那个园子）。嘉庆皇帝即位之后，也同样热爱修园子，但

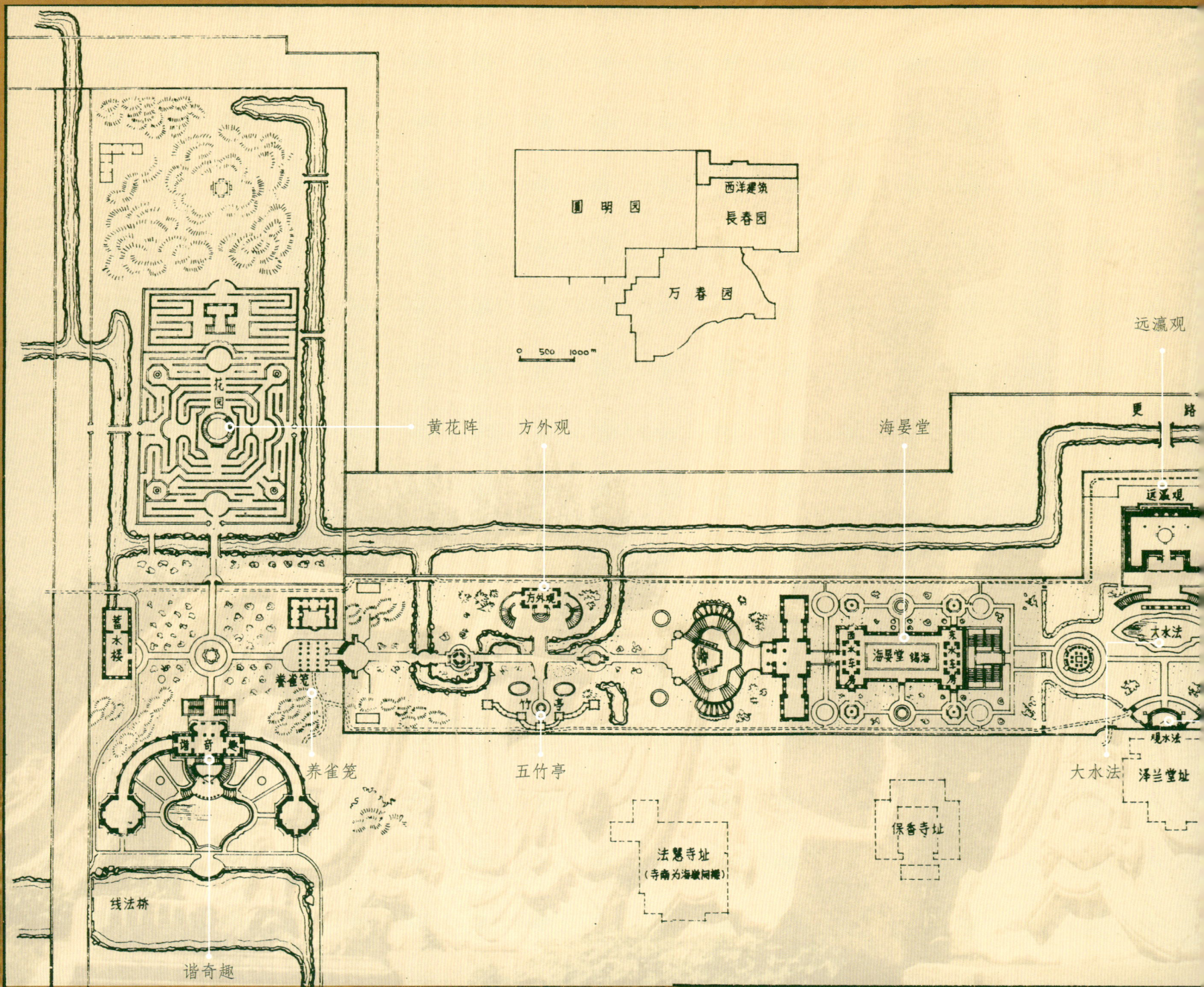

他的建设重点放在了绮春园里面。嘉庆十年（1805年），绮春园也建成了各类大小景观共计三十处，"圆明三园"进入了全盛时期。"圆明三园"总面积约350万平方米，相当于五个故宫那么大。

长春园里最特别的景观，是其北部的一组西洋楼，始建于乾隆十二年（1747年），大体完成于乾隆二十五年（1760年）。这组西式园林建筑由来自欧洲的传教士郎世宁（意大利）、蒋友仁（法国）、王致诚（法国）等人设计，由大量中国建筑师傅完成施工。西洋楼的建筑设计主要参考了欧洲的巴洛克和洛可可建筑与装饰风格，但并没有原样照搬，而是融合了中式元素重新设计，使之成为中西合璧的建筑典范。西洋楼也是中国第一次大规模尝试仿建西式园林建筑，它为圆明园增添了一抹独特的异域风情，使得"万园之园"的赞誉实至名归。

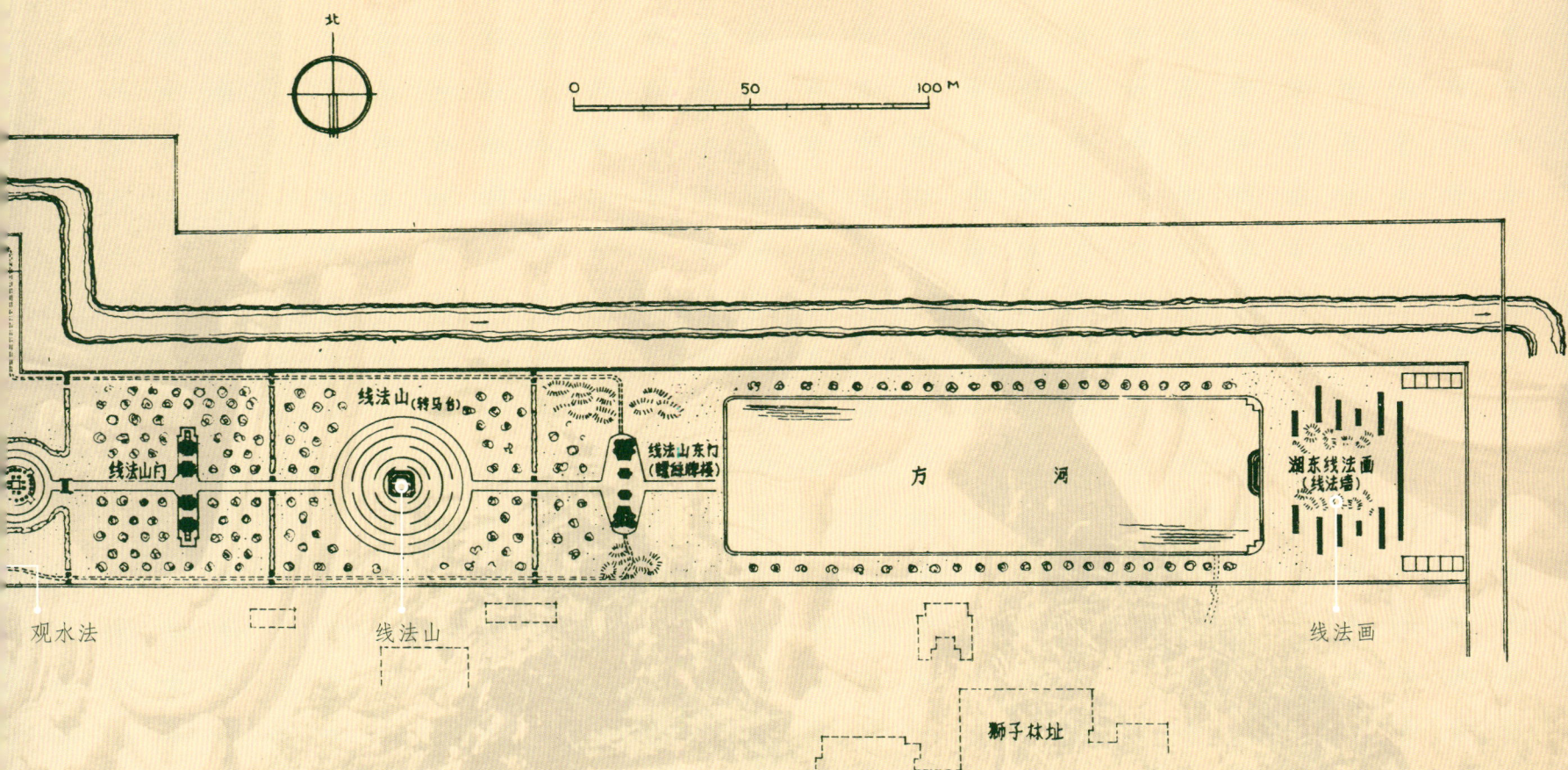

长春园西洋建筑总平面布置图

北

0　　　50　　　100 M

线法山（转马台）

线法山门

线法山东门
（蓄翠牌楼）

方　河

湖东线法画
（线法墙）

观水法　　　　线法山　　　　　　　　　　　　　　　　　　　　　　　　线法画

狮子林址

（圆明园管理处供图）

407

谐奇趣：

耳目一新，奇趣盎然

这是圆明园里的第一座欧式大殿——谐奇趣，竣工于乾隆十六年（1751 年）。它巧妙地融合了中西两种建筑风格，主体为欧式建筑，屋顶则采用了中式的庑殿顶。中间的主楼有三层，一层和二层均面阔七开间，顶层是三开间。据说室内摆满了来自西洋的贡品，有玻璃镜、珐琅灯、浑天仪、船模、西洋剑等奇珍异宝。主楼左右，各有弧形游廊连接两座八角楼亭，楼亭中常常举办中西音乐会。楼前的大型海棠式喷泉池

八角楼亭

弧形游廊

翻羊喷水

中，点缀着铜羊、铜鸭、翻尾石鱼等喷水口。喷泉池南面有个小湖，圆明园福海里的水，透过湖边的孔闸，源源不断地注入西洋楼。

　　这种中西融合的建筑风格起初并不被看好，建成后却赢得了人们的赞叹。中式建筑追求自然曲折之美，而西式建筑则注重严谨对称规划，两者在此完美融合。乾隆皇帝对谐奇趣的效果颇为满意，因此才有了后续众多西式建筑的陆续建设。

对称之美

中式屋顶：庑殿顶

铜鸭喷水

翻尾石鱼喷水

弧形游廊

走到谐奇趣的北面，从转折的阶梯可以直接登上主楼第二层的露台。细看露台上，三拱门廊的设计增加了建筑的层次感和空间感。同时，顶部的琉璃装饰也为建筑增添了华丽感与庄重感。主楼的正北方是花园小广场，广场中央有一个菊花形的喷泉池，水池中心的三层喷水口正在吐出一簇簇水花。

喷泉池四周，有很多勒诺特尔式风格的西式园林树木，这些树木修剪整齐，呈几何形态工整分布。

三拱门廊

次间　　　　　明间　　　　　次间

明间：建筑的中心部分，通常处于布局的核心，左右两侧对称，中间的一间便称为明间。

次间：明间左右两侧的房间。

面阔：建筑物或房间正面的宽度，即建筑物的横向尺寸。

进深：一间独立房屋或一幢建筑从前到后的纵向距离。

三层

二层

一层

三层喷水塔

谐奇趣喷泉的运行离不开蓄水楼。蓄水楼位于谐奇趣的西北面，主要的功能就是为喷泉群注入高压水流，俗称"西水车房"。这座蓄水楼通过特定的进水口将水引入楼内。在早期，蓄水楼内的水是由骡子拉动带有机械装置的水车把水从低处提至高处，再以铜管下注到各喷泉机关。然而，后来水车轮盘损坏了，就改为人工提水上楼。每当皇帝要游园看喷泉时，太监们就会提前提水，待皇帝驾临，再开闸放水，以营造喷泉之景。

转轴

转轴

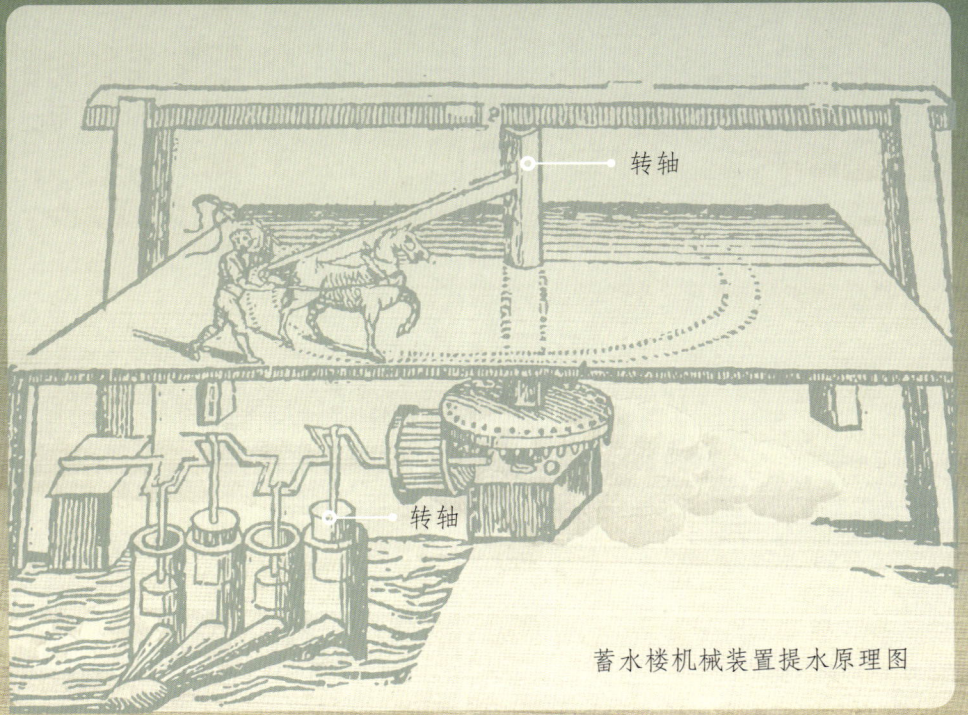

蓄水楼机械装置提水原理图

铜鎏金金刚

清

长 24 厘米，宽 10.7 厘米，高 31.5 厘米。

此尊金刚是胜乐金刚的四面十二臂造型像，1992 年出土于圆明园海岳开襟（西洋楼附近）。佛像头戴五颅冠，身着天衣，以虎皮为裙，颈部挂着用人头和头骨串成的念珠。

他的十二只手臂代表十二真理，主臂二手，左持铃，右持杵。明妃盘绕于主尊腰间，双手分别持有法器。主尊其余手臂伸向两侧，各持象皮、嘎巴拉碗、斧、钺刀、三股戟、金刚索及人头骨等物，部分手持器物出土时已无存。

右腿直伸，足踏大自在天神；左腿微屈，脚踩大自在天妃。底座为束腰仰覆莲座，中部饰仰覆莲瓣一周，莲瓣饱满规整。此像铸造工艺精湛，十分精美。（由圆明园管理处提供）

象皮

钺刀

明妃

念珠

大自在天神

莲座

五顶冠

象皮

嘎巴拉碗

人头骨

大自在天妃

黄花阵：

奇思妙想，欧式迷宫

黄花阵又名"万花阵"，是一处别致的欧式迷宫，设计独具匠心。黄花阵南北长约90米，东西宽约60米，墙高约1.2米。黄花阵内路径曲折蜿蜒，据统计路径总长竟达1600多米，是一个捉迷藏和追逐游戏的好场所。不过欧式的阵墙通常由经过修剪的密集灌木丛组成，圆明园中则改用中式"卍"字纹砖块砌成，所以也称"万花阵"。

黄花阵花园门（19世纪70年代拍摄）

黄花阵花园门（李尤松手绘）

西南方向，蓄水楼的屋顶。

围墙上的墙花

门口的石狮子

迷宫整体呈长方形，中心高台上设有一座圆亭，欧式设计框架下巧妙地融合了中国"天圆地方"的设计理念。据说在中秋之夜，乾隆皇帝会坐在黄花阵的中心圆亭内，宫女们手持黄绸扎成的莲花灯、分别站在四个入口。等到一声令下，宫女们便竞相进入迷宫中，最先到达中心圆亭的人，将会得到皇帝的赏赐。黄花阵易进难出，皇帝坐在高处，四望莲花灯东流西奔，以此为乐，"黄花阵"因此得名。

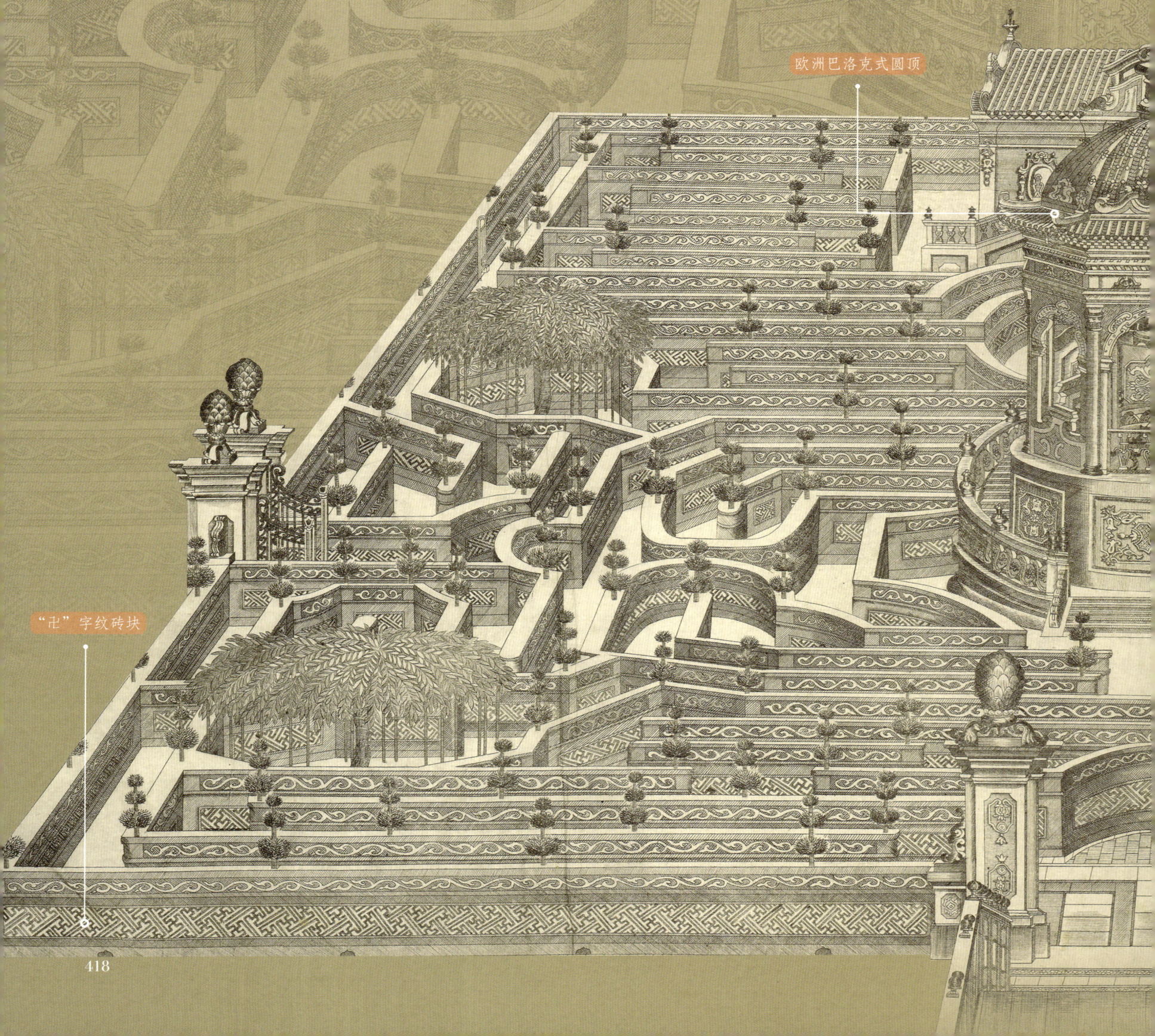

欧洲巴洛克式圆顶

"卍"字纹砖块

418

黄花阵中心圆亭（李尤松手绘）

中式琉璃瓦屋顶

419

养雀笼:

珍禽异鸟，顾盼生辉

养雀笼，顾名思义，这里曾养着许多珍禽异鸟。乾隆皇帝闲暇时常带着嫔妃们在此观赏各色鸟雀。养雀笼西门的设计具有中式五牌楼风格。明间大门前有八根向外延伸的立柱，支撑起门楼的凸出部分。细数之下，左右共有二十四根

左右这样的立柱共二十四根

柱饰

立柱支撑起这座"凸"字形的牌楼，整体呈现对称之美。屋
顶覆盖黄色琉璃瓦构件，与汉白玉立柱交相辉映。虽然很遗
憾我们看不到彩色的照片，但也可以想象到它的绚丽。

中间凸出的牌楼门

郎世宁绘制的《帆船航海图》

养雀笼的东门为西式的半环形石拱门，设有精致的雕花门。门楼的顶部，正中间装饰有西式王冠，两侧有若干宝瓶形装饰物。大门的左右两侧，还有两个石券式假窗，内嵌四层的喷泉塔，喷出的水流会从塔顶叠层落下。

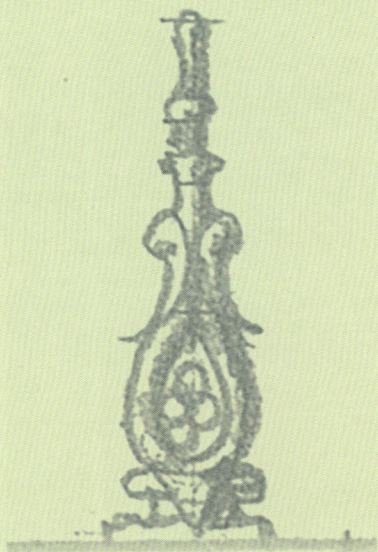

宝瓶形装饰物

西式王冠

养雀笼东门（李尤松手绘）

精致的雕花门

西式半环形石拱门

仙萼长春图

《仙萼长春图》一共包含十六幅图画，由宫廷画家郎世宁绘制。这位来自意大利的传教士，自康熙五十四年（1715年）来华，至乾隆三十一年（1766年）去世，五十一年的时间里一直以宫廷画家的身份服务于清朝皇室。从画作名字"长春"二字和画上的珍禽异鸟可以推测，郎世宁记录的可能是长春园养雀笼里的珍禽异鸟。

方外观：
三界之外，异域风情

这座建筑名为"方外观"，方外，意为神仙所居的世外异域。佛教、道教追求跳出三界外，不在红尘中的人，也称方外之士。又因为"方外"与"天方"在字面上相近，伊斯兰教信徒也能接受这样的命名。

中式重檐楼尖顶八角亭

石桥栏杆

方外观的规模并不大，两层楼三开间、两侧有环形楼梯通向二楼。楼体基本上是西式的，但屋顶却是中式的重檐庑殿顶。方外观是圆明园内最特别的建筑之一。它的特别之处在于，这座建筑不仅具有欧式风情，还充分尊重了伊斯兰教不崇拜偶像的习惯，整个建筑没有人物、鱼虫、鸟兽等图案。鉴于来自维吾尔族的香妃（实际封号为容妃）嫁入清朝皇室后仍保持着自己的宗教习俗，乾隆皇帝便将这座宫殿改成了香妃做礼拜用的清真寺。

中式重檐庑殿顶

琉璃瓦

形似乐器冬熙木的立柱

环形楼梯

五竹亭：

香妃易等，竹亭难复

从方外观正门走出，经过南面的石桥行至对岸，那里有曲折连廊串联起来的五座重檐攒尖顶的亭子，因其外观全部由竹子建成，所以叫做五竹亭。五竹亭与方外观南北相对，竹子结构的外墙上还镶嵌着五彩斑斓的玻璃和形状各异的贝壳，看上去华美无比。据说，乾隆皇帝常常在这里等待在方

小型喷泉池

外观做礼拜的香妃，足见他对香妃宗教习惯的尊重和理解。又因为乾隆皇帝自己是爱莲之人，于是他在亭前左右两侧，各修建了一座莲花池，中间还有一个小型喷泉池，或许是为了在等待香妃时观赏解闷。

外观竹制的重檐攒尖顶亭子

亭前莲花池

海晏堂：

十二兽首，为您报时

海晏堂，名称亦出自成语河清海晏，与前面介绍的圆明园四十景之"九州清晏"一东一西遥相呼应。因此，海晏堂以海洋为设计灵感，大量使用贝壳、海浪、漩涡等装饰图案。

海晏堂是西洋楼景区最大的建筑，正楼朝西为两层十一

间房，后面还有一个"工"字形的蓄水楼。二楼大门左右有一对石狮，门前有一对石鱼，水从它们的口中喷出，流入石槽叠落而下，汇入楼前的喷泉池。弧形石阶环抱着喷泉池，中间耸立着一个巨型贝壳石雕。十二兽首水力钟的十二生肖铜雕像呈"八"字形对称分列在喷泉池两旁石台上，每尊雕像的兽首都是一个精巧的喷泉水龙头。每过一个时辰（两个小时）换一尊兽首喷水，正午时十二尊兽首则同时喷水，场面极为壮观。

戌狗手持红缨枪。这是看家护院的小标兵！

亥猪手持弓箭。武将标配，传说中的天蓬元帅真下凡了？

酉鸡手持钱币？哈哈哈，恭喜发财，大吉（鸡）大利！

申猴手持枪棒。像不像战斗力爆棚的孙悟空？

未羊手持笏板。羊倌当了官，拿着笏板要去上朝面圣？

午马手持如意。如日中天的模样，它正扬扬得意？

子鼠手持金刚钻？它
是要揽瓷活，还是要
去打洞？

1点~3点

丑牛手持拂尘。难怪
民间说它是牛鼻子老
道？

3点~5点

寅虎身穿圆领长袍。
一副王者拥有权力与
地位的样子？

海晏堂西面·十二兽首水力钟（李尤松手绘）

5点~7点

卯兔手持折扇。好似
一位风度翩翩的公
子！

9点~11点

巳蛇拱手作揖。一副退
让与守礼的样子，但
千万不要去招惹它！

7点~9点

辰龙手持龙珠。龙珠
是传说中的珍宝，你
有没有集过七龙珠？

鼠首人身像原为圆明园海晏堂西侧十二生肖兽首喷泉构件，1860年英法联军焚毁圆明园时被劫掠流失海外，现像身无存。

2009年，鼠首铜像曾在法国佳士得拍卖会上现身。2013年，法国皮诺家族将鼠首铜像捐赠给中国。（由圆明园管理处提供）

牛首铜像

清

长 47 厘米，宽 44 厘米，高 44 厘米。

————————

　　牛首人身像原为圆明园海晏堂西侧十二生肖兽首喷泉构件，1860 年英法联军焚毁圆明园时被劫掠流失海外，现像身无存。据清宫铜版画可知，其原手持拂尘。2000 年，牛首铜像出现在香港佳士得和苏富比的拍卖会上，中国保利集团有限公司所属保利艺术博物馆排除各种困难和阻力将其收回。（由圆明园管理处提供）

虎首铜像

清

长 30 厘米，宽 37 厘米，高 40 厘米。

虎首人身像原为圆明园海晏堂西侧十二生肖兽首喷泉构件，1860 年英法联军焚毁圆明园时被劫掠流失海外，现像身无存。2000 年，虎首铜像出现在香港佳士得和苏富比的拍卖会上，中国保利集团有限公司所属保利艺术博物馆排除各种困难和阻力将其收回。（由圆明园管理处提供）

兔首铜像

清
长 51.5 厘米，宽 23 厘米，高 29 厘米。

兔首人身像原为圆明园海晏堂西侧十二生肖兽首喷泉构件，1860 年英法联军焚毁圆明园时被劫掠流失海外，现像身无存。据清宫铜版画可知，其原手持折扇。2009 年，兔首铜像曾在法国佳士得拍卖会上现身。2013 年，法国皮诺家族将兔首铜像捐赠给中国。（由圆明园管理处提供）

马首铜像

清

长 40.7 厘米，宽 28 厘米，高 39.3 厘米。

何鸿燊先生捐赠

马首铜像原为圆明园海晏堂西侧十二生肖兽首喷泉构件，1860 年英法联军焚毁圆明园时被劫掠流失海外。2007 年 8 月，国家文物局获悉马首铜像将在香港拍卖，随即与相关机构开展合作，积极推动文物回归。2007 年 9 月，港澳知名企业家、爱国人士何鸿燊先生了解情况后，以高度的家国情怀与责任担当，出资购买马首铜像。在国家文物局的协调下，2019 年，何鸿燊先生将马首铜像正式捐赠给国家文物局。随后，国家文物局将马首划拨北京市海淀区圆明园管理处收藏，为马首铜像百年回归路画上完满句号。马首铜像融合了东西方艺术理念与设计风格，以精炼红铜为材，色彩深沉厚重，以失蜡法一体铸造成型，展现出极高的工艺水准。（由圆明园管理处提供）

鬃毛纤毫毕现

嘴部曲线流畅

红铜材质

X光照相结果显示，马首除了颈部前下方可见数个铜钉，其他各个部位无明显的分铸焊接痕迹，由此可知马首系浑铸而成，颈部和脸部以及眼睛、耳部、嘴和舌头都应为一体铸造，形象逼真，马脸及下颚的曲线被流畅地展现出来。马首顶部的鬃毛更是曲线流畅，纤毫毕现，下部可见一明显的铜梗将一部分鬃毛撑起，造成悬空效果。但顶部鬃毛和马首并无明显分界，由此可知鬃毛和马首也是整体一次性铸造成型。据此判断，整个马首都是使用精密铸造的方法——失蜡法一次铸造而成。

猴首铜像

清

长 30 厘米，宽 46 厘米，高 36 厘米。

　　猴首人身像原为圆明园海晏堂西侧十二生肖兽首喷泉构件，1860 年英法联军焚毁圆明园时被劫掠流失海外，现像身无存。

　　2000 年，猴首铜像出现在香港佳士得和苏富比的拍卖会上，中国保利集团有限公司所属保利艺术博物馆排除各种困难和阻力将其收回。（由圆明园管理处提供）

猪首铜像

清

长 30 厘米，宽 34 厘米，高 40 厘米。

　　猪首人身像原为圆明园海晏堂西侧十二生肖兽首喷泉构件，1860 年英法联军焚毁圆明园时被劫掠流失海外，现像身无存。据清宫铜版画可知，其原手持弓箭。2003 年，原全国政协常委、香港信德集团董事局主席何鸿燊先生出资，从美国收藏家手中购回圆明园猪首铜像，并捐赠给保利艺术博物馆。（由圆明园管理处提供）

从海晏堂的南面可以看到，主楼之后是"工"字形的平台楼，也是附近喷泉群的供水楼。海晏堂附近的喷泉水都来自这座供水楼，东西两头的高楼（"工"字的两横）是提水用的水车房，中段平台（"工"字的一竖）是一个大型蓄水池。因为蓄水池的池壁用锡作防水层，所以又称为"锡海"。海晏堂的南北两侧都设计了树荫、露台与两个小型喷泉池，喷泉的造型尤为独特，寓意着"年年有余"和"封侯挂印"。

"工"字形平台楼

海晏堂平面俯瞰图

① 封侯挂印：猴子捅了马蜂窝（喷泉水珠激射如马蜂蹿出），猴子正抱头躲避。"蜂"谐音"封"，"猴"谐音"侯"，寓意封侯挂印。

② 年年有序、年年有余：猴子在羊上面，对应十二生肖的羊去猴来，寓意年年有序；猴子打着伞，因为伞上喷泉如雨，"雨"谐音"鱼"，寓意年年有余。

西洋楼的各种门券与墙饰、柱饰（李尤松手绘）

拱券

柱饰

墙饰

西洋楼的各种门券与墙饰、柱饰（李尤松手绘）

西洋番花

西式栏杆

凹形门洞

151

海晏河清尊

清

短颈，鼓腹，圈足。

高 31.3 厘米，口径 25.1 厘米。

此尊为清乾隆时期景德镇御窑特制，以供圆明园内海晏堂陈设。尊直口、卷唇、短颈、鼓腹、圈足。外壁施雾青釉，上以金彩绘芭蕉叶、如意、缠枝牡丹等纹饰，底部一周饰粉彩凸雕莲瓣纹，颈部肩部堆贴对称白釉海燕型耳，通过纹饰、谐音等共同组成"海晏河清"一词。整体造型端庄沉静，色彩典雅华贵，制作工艺集雕、贴、压各种装饰手法。

海晏河清尊原陈设于海晏堂内，侥幸逃过英法联军一役的破坏与掠夺，现收藏于中国国家博物馆。（由圆明园管理处提供）

白釉海燕

雾青釉

缠枝牡丹

452

海晏河清尊轮廓

尊

古代的盛酒器。青铜质地的尊早在商朝便已出现，其后形制随着朝代的变迁而变化，装饰也逐渐复杂。宋朝之后，以青铜器形为蓝本烧造的瓷器数不胜数，瓷尊便是其中的一种，常作为陈设器。

芭蕉叶

如意纹

粉彩凸雕莲瓣纹

453

远瀛观：

钟楼景观，远隔重洋

远瀛观，意为远隔重洋的景观。它建成于乾隆四十八年（1783 年），是西洋楼景区最后完工的大殿，也是香妃的寝宫之一。

远瀛观建在海晏堂东北侧的方形高台之上，因此是西洋楼景区地势最高的宫殿，气度自是不凡。同时远瀛观与大水法、观水法形成东西走向的西洋楼景区第二条南北轴线（第

一条南北轴线是我们前面看到的从谐奇趣到黄花阵）。远瀛观的主楼是西洋钟楼式大殿,屋顶却是中式的重檐庑殿顶。主楼通过左右两翼侧廊连通两座小钟楼,空中俯视远瀛观,平面是一个倒过来的"凹"字形。全部的屋檐下共有二十四个龙头状的出水口。主楼的正面为三开间,有三扇雕花的石券门,门前还有一对威风凛凛的石狮子。据记载,远瀛观的门窗均镶嵌了玻璃,石柱材质都是汉白玉,石狮子身后的两根巨柱支撑起一个雨棚似的门拱,巨柱上面刻满了下垂式葡萄花纹,精致漂亮(如今的遗址上还残留着其中一根立柱)。远瀛观南面是青砖铺成的小广场,边缘设有汉白玉石栏杆,东西两侧的扶梯可前往大水法。

石狮子

镶嵌玻璃的窗子

龙头构件

远瀛观雕花石柱

大水法：

猎狗逐鹿，叹为观止

何为"水法"？通俗地说，就是水的戏法，喷泉就是最常见的一种水法。如果在远瀛观南面青砖铺成的小广场散步，会看到左右两侧有弧形的石阶，通过石阶可以走下平台。平台之下，正是圆明园中最壮观的欧式喷泉群——大水法。

大水法是以石龛式建筑为背景的喷泉群，石龛中央的两柱上连大型圆拱，拱顶装饰着许多琉璃配件，当初应该是五颜六色亮晶晶的样子。左右的立柱顶上有瓶形的石雕，再两侧则是海浪一般的弧形扶墙。石龛中央的圆拱下有一个狮子

卷尾铜兽

头喷水瀑布，形成七级水帘，水帘落入下方的菊花式喷泉池。喷水池中间立着一只铜鹿，四周有十只铜狗正作逐鹿状，从口中喷水射向鹿身，俗称"猎狗逐鹿"。

大水法南方两侧有两棵造型独特又高耸入云的"线法松"，左右还有两座十三级的方形喷水塔，塔周围有四十四根高低不齐的铜管。当塔顶与四十四根铜管一齐喷水时，场面令人叹为观止。据说隆隆的水声，甚至可以让位于观水法的人听不清互相说话的声音。

猎狗逐鹿

"猎狗逐鹿"可能出自中国"逐鹿天下"的成语典故，也可能出自一个西方神话故事：阿克特翁是一位猎人，带着一群猎狗外出打猎，偶然撞上女神阿耳忒弥斯在泉水中沐浴。由于这一冒犯行为，阿耳忒弥斯一怒之下将阿克特翁变成了一头鹿，而他带领的猎狗却没有认出他来，纷纷围拢过来追逐他。阿克特翁于是从猎人变成了猎物。

圆拱

狮子头喷水瀑布

线法松

大水法的建筑设计是典型的洛可可风格。洛可可风格包含海洋、浪花、漩涡、螺壳、卷草等元素，贝壳是其标志性的符号。贝壳的弧线造型不仅优美，还符合对称性与黄金分割比，非常适合装饰中轴线。

大水法的西式石龛（李尤松手绘）

巴洛克建筑风格

17世纪在意大利发展起来的一种建筑风格。巴洛克（baroque）这个词源于葡萄牙文"不圆的珍珠（barroco）"，其特点为富丽堂皇的造型与雕刻，常用三角形和椭圆形空间来表现豪华又优雅的氛围。

洛可可装饰风格

18世纪从法国开始流行，在巴洛克风格基础上发展起来的一种风格。洛可可（rococo）这个词源于法文"贝壳工艺（rocaille）"，其特点是柔媚细腻，多用S形曲线，尤其爱用贝壳、漩涡及植物样式作为造型题材。如果说巴洛克风格会让人联想起男性的雄健与磅礴，那么洛可可风格则会让人联想到女性的轻柔与华美。

大水法喷水石鱼

清

单件长 126 厘米，宽 93 厘米，高 50 厘米。

汉白玉质地。两件石鱼应为一对，两两相望，鱼身呈向内卷曲状，鱼尾向上翻起与鱼身相连，两鳍向外翘起，好像在努力拍水，又似要随时高高跃起，造型十分生动、活灵活现。鱼身细部雕刻精致，嘴部饰有胡须，眼周纹饰似火焰一般炯炯有神，鳞片刻画凹凸有致、层层相叠。鱼嘴圆张，与鱼身下部相连，作为喷水出口。2006 年 11 月，由中共中央组织部机关事务管理局捐赠回归。

民国时期，圆明园仅存遗物遭到军阀、权贵巧取豪夺，公园、学校甚至政府也有组织成规模地拆运、使用圆明园石料。此期间，圆明园石质遗物散落全国各地，石鱼也正是这时被带离圆明园的。（由圆明园管理处提供）

鱼身呈向内卷曲状

鳞片刻画

喷水出口

造型生动的石鱼

观水法：
坐观喷泉，尽收彩虹

观水法，顾名思义，是观看大水法的地方。观水法位于大水法南面，正中的石台上设有皇帝宝座。中国历朝历代的皇帝宝座都是坐北朝南，为什么唯独这里却是坐南朝北呢？这是因为北京的地理纬度偏北，太阳从早到晚都偏向南面，为了避免仰头观看大水法时阳光太过刺眼，宝座只能设

西洋门

汉白玉方塔

石屏风

计成朝北。而且从光学角度讲，背光的方向更容易看到阳光经过喷泉水雾（小水珠）折射、反射而形成的彩虹。

细看宝座的两侧，有两只铜鹤口衔着伞盖的一角。宝座的后面有五块大型石雕屏风，分别雕刻着西洋军旗、刀剑、甲胄、枪炮等图案。石雕屏风的左右两侧各有一座汉白玉方

塔，而方塔旁的绿篱之中还各有一座西洋门，穿过西洋门以及后面围墙的开门，可以通往南边的长春园。据记载，英国使者马戛尔尼、荷兰使者德胜曾经先后受邀来此观看大水法。

铜鹤

465

观水法石屏风（数字化扫描成果）

　　观水法宝座后面的石屏风，分别雕刻着西洋军旗、刀剑、甲胄、枪炮等图案，颇具西洋特色，浮雕手法细腻，甲胄之上的羽毛纹路、头盔纹饰、衣服褶皱清晰可见。（由圆明园管理处提供）

飘逸的布带

武器

头盔上的羽毛

观水法石屏风（李尤松手绘）

头盔上的精致花纹

炮

线法山：

登山瞭望，海市蜃楼

何为"线法"？通俗地说，就是光线的戏法，比如今天我们画画常说的透视法。从大水法继续往东走可以前往线法山，但需要先经过线法山的西牌楼门。这座西牌楼门形似西方的凯旋门，中间是圆券式大门，两侧为方券式小门，平檐上装饰着五色琉璃番花。西牌楼门的前后都有一大片人工修剪得整整齐齐的勒诺特尔式风格的线法树作为屏障，同时形成强烈的透视法空间。

花环式雕刻装饰

线法山西门（李尤松手绘）

线法山是一座高约 8 米的圆形土山，虽然并不高，但因为再往东就是一马平川，成了一个相对制高点。山脚下有围墙与两座方塔留出的路口，经过路口沿着"之"字形、约 1.5 米宽的盘旋蹬道，转折三次便可登顶。据说乾隆皇帝喜欢骑马登山，因此线法山也俗称"转马台"。线法山的山顶上有一座造型独特的亭子，顶部为中式八角攒尖顶，亭身则有八面西式三角形门拱。登亭远眺，朝西可以看见大水法的喷泉群，朝东则可以欣赏线法画。

约 1.5 米宽的蹬道

山脚下的西式方塔

线法山亭子（李尤松手绘）

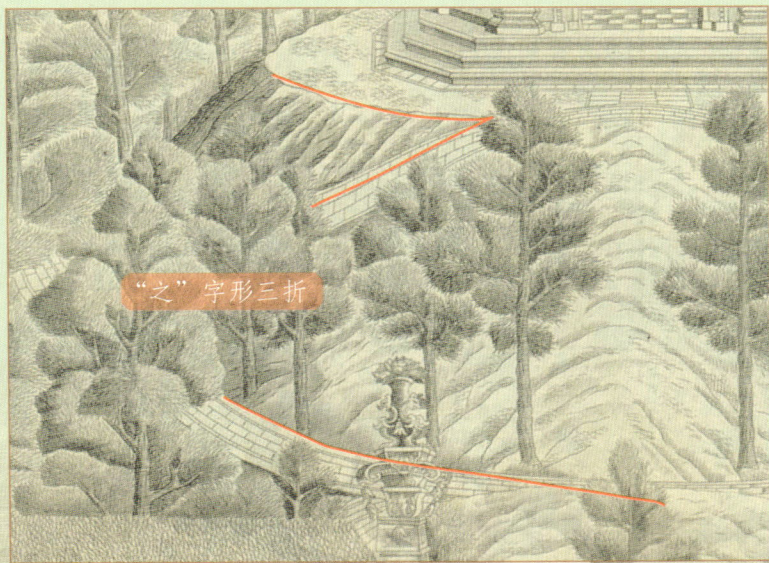

"之"字形三折

塔顶的宝瓶

471

从线法山顶上的亭子里下来，经过东牌楼门继续往东前往一个大型人工湖——方河。东牌楼门也是一座三门拱的西式凯旋门，由于上檐装饰着蛤蜊云形曲线以及各种洛可可风格的贝壳图案，所以被俗称为"螺蛳牌楼"。细看东牌楼门的楼顶，居中装饰着皇冠、甲胄、军旗造型的石雕，两侧还有刀剑弓矢簇堆和长蛇缠绕花瓶等西式石雕。东牌楼门的墙面上则雕饰着葡萄藤，绕柱爬墙，枝叶翻卷，果实累累，繁华至极。经过线法树的透视引导，透过东牌楼门，人们可以远远望见东面的方河以及对岸的线法画，仿佛人为制造的海市蜃楼一般。

兵器堆簇的石雕

贝壳雕饰

线法山东门（李尤松手绘）

长蛇绕瓶的石雕

葡萄藤雕饰

线法画：
西洋街市，身临其境

线法画，指经由光线扰动与透视法而呈现出逼真立体感的画面，类似今天说的"3D绘画"。透过线法山东门朝东看，可以见到一个水波荡漾的矩形人工湖，俗称"方河"。方河的东岸修筑了七道"八"字形左右对称的"线法墙"，墙面挂着画西洋风景的油画。

如果从线法山上东眺，经过周边"线法树"的透视引导，加上方河水蒸发光线的扰动，可以看到对岸七道线法墙上悬挂的线法画仿佛动了起来。七组画面连成一体，构成一

处栩栩如生的西洋街市，可以通俗地理解为这是 250 多年前人工绘画与自然现象融合所营造出来的"虚拟现实"与"元宇宙"！

线法墙上的线法画可以随时更换，无论是欧洲的西洋街市，还是塞外的山水风光，只要换一下墙上的画面，便可以像穿越时空一样身临其境。据说，乾隆皇帝命令宫廷画家绘出新疆地区的风景画悬挂在墙上，以便香妃随时远眺，缓解思乡之苦。

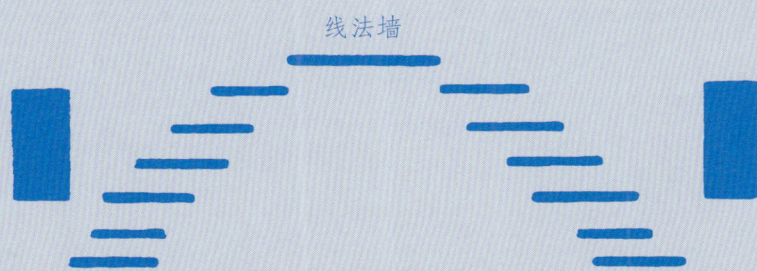

线法画的载体——七道线法墙的布局示意

线法画

方河东岸

枫丹白露宫城堡和花园

  在欧洲宫殿的园林设计中，方河是代表性的元素之一，通常由大面积的规则几何形状，如圆形或矩形构成。法国枫丹白露宫中就有多个方河，这与欧洲园林整体追求秩序、对称和几何美感的风格吻合。

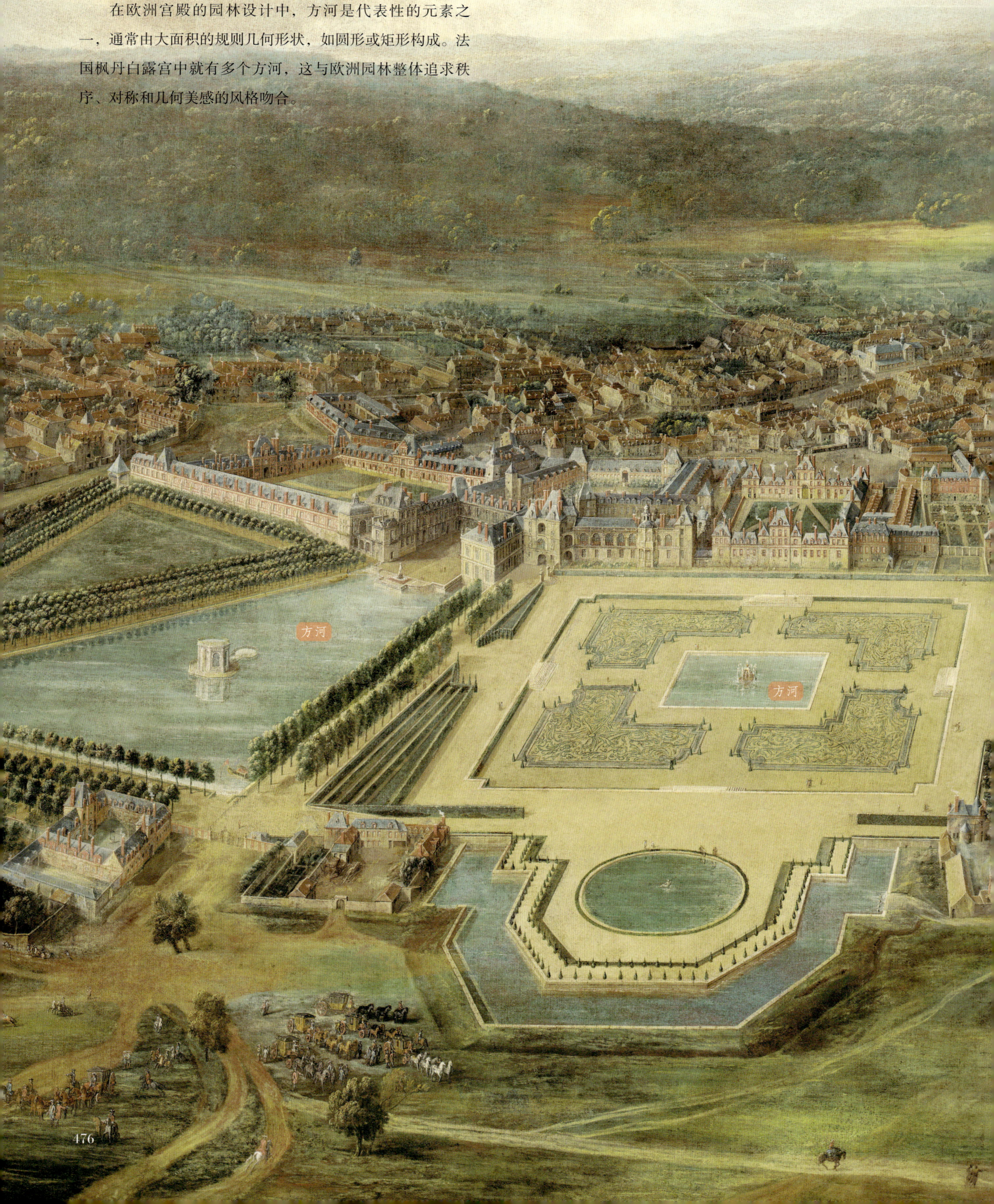

方河

方河

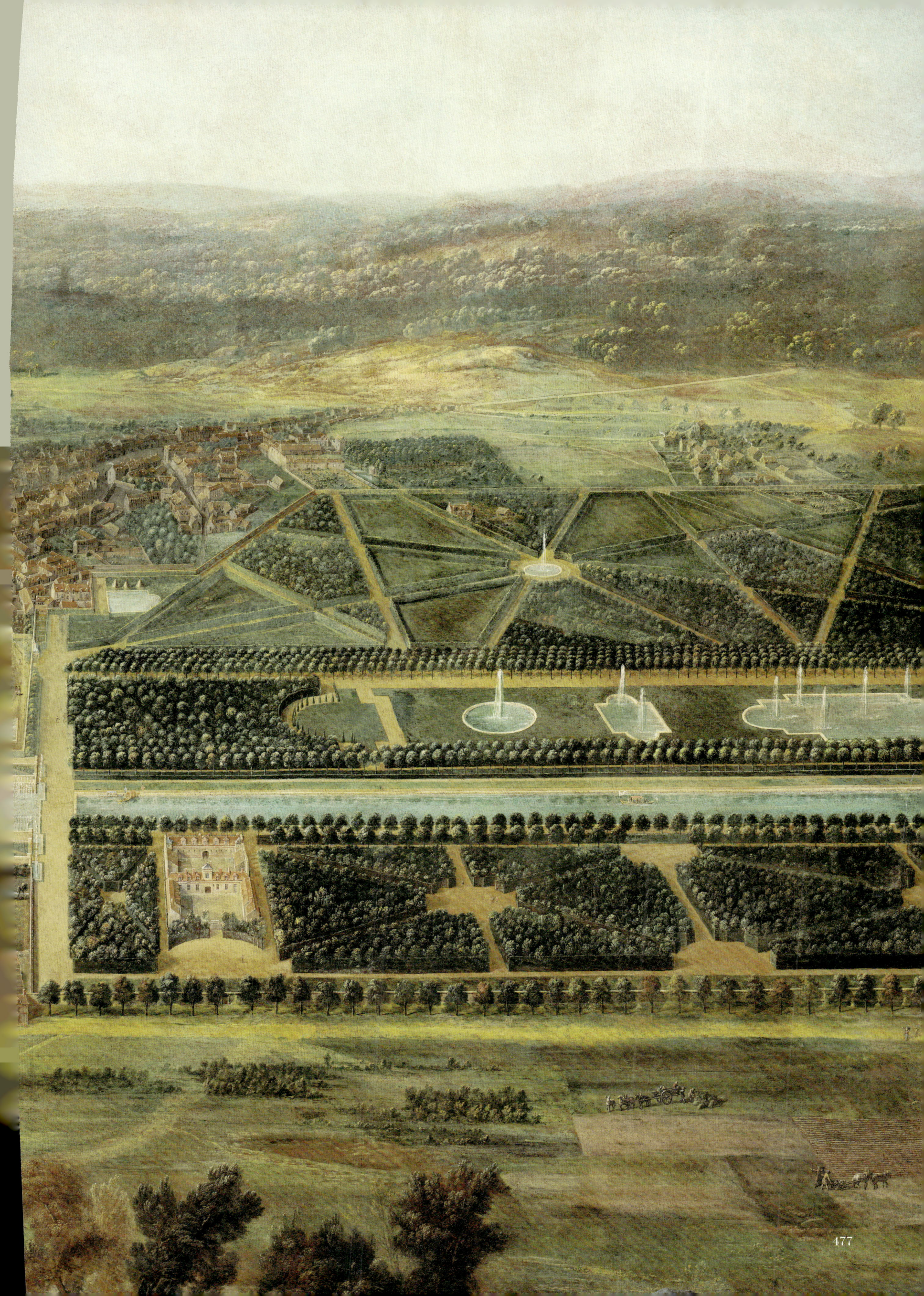